Fundamentos de computación cuántica

Juan Pedro Hecht

Fundamentos de computación cuántica

cuántica

orientados a la criptología teórica.

Editorial Académica Española

Impresión
Información bibliográfica publicada por Deutsche Nationalbibliothek: La Deutsche Nationalbibliothek enumera esa publicación en Deutsche Nationalbibliografie; datos bibliográficos detallados están disponibles en internet en http://dnb.d-nb.de.

Los demás nombres de marcas y nombres de productos mencionados en este libro están sujetos a la marca registrada o la protección de patentes y son marcas comerciales o marcas comerciales registradas de sus respectivos propietarios. El uso de nombres de marcas, nombre de producto, nombres comunes, nombre comerciales, descripciones de productos, etc. incluso sin una marca particular en estas publicaciones, de ninguna manera debe interpretarse en el sentido de que estos nombres pueden ser considerados ilimitados en materias de marcas y legislación de protección de marcas y, por lo tanto, ser utilizadas por cualquier persona.

Imagen de portada: www.ingimage.com

Editor: Editorial Académica Española es una marca de
LAP LAMBERT Academic Publishing GmbH & Co. KG
Heinrich-Böcking-Str. 6-8, 66121 Saarbrücken, Alemania
Teléfono +49 681 3720-310, Fax +49 681 3720-3109
Correo Electronico: info@eae-publishing.com

Publicado en Alemania
Schaltungsdienst Lange o.H.G., Berlin, Books on Demand GmbH, Norderstedt,
Reha GmbH, Saarbrücken, Amazon Distribution GmbH, Leipzig
ISBN: 978-3-8484-7529-2

Imprint (only for USA, GB)
Bibliographic information published by the Deutsche Nationalbibliothek: The Deutsche Nationalbibliothek lists this publication in the Deutsche Nationalbibliografie; detailed bibliographic data are available in the Internet at http://dnb.d-nb.de.

Any brand names and product names mentioned in this book are subject to trademark, brand or patent protection and are trademarks or registered trademarks of their respective holders. The use of brand names, product names, common names, trade names, product descriptions etc. even without a particular marking in this works is in no way to be construed to mean that such names may be regarded as unrestricted in respect of trademark and brand protection legislation and could thus be used by anyone.

Cover image: www.ingimage.com

Publisher: Editorial Académica Española is an imprint of the publishing house
LAP LAMBERT Academic Publishing GmbH & Co. KG
Heinrich-Böcking-Str. 6-8, 66121 Saarbrücken, Germany
Phone +49 681 3720-310, Fax +49 681 3720-3109
Email: info@eae-publishing.com

Printed in the U.S.A.
Printed in the U.K. by (see last page)
ISBN: 978-3-8484-7529-2

PRÓLOGO

A pesar que el objetivo apunta a ello, este no es un libro de criptografía cuántica sino de los fundamentos necesarios para llegar a comprender en qué se basa. ¿Porqué aparece el interés de la criptología en un tema aparentemente confinado a la física teórica? Porque la computación cuántica prácticamente afecta a todo lo conocido en la criptología actual. Con computadoras cuánticas, si es que se concreta su construcción, se debilitarían muy sensiblemente los criptosistemas de clave pública con el potencial quiebre del algoritmo RSA y algunas de las variantes ElGamal y otros sistemas tan extensamente usados como el intercambio de claves Diffie-Hellman basado en campos numéricos. Tampoco quedan inmunes los algoritmos simétricos, cualquiera sea la longitud de clave que se elija. O sea, una significativa pérdida de las bases de la seguridad en el almacenamiento y tránsito de información, la potencial caída de la firma digital y los certificados de clave pública, el protocolo SSL y otros pilares de la seguridad informática actual. ¿Dónde reside este poder? En la posibilidad de reducir drásticamente la complejidad de ataque de problemas (hoy día de clase NP) a niveles atacables. ¿Y qué queda como residuo de este significativo ataque? La computación cuántica no sólo debilita lo conocido, construye algo más sólido. La nueva criptografía cuántica, el reemplazo de la seguridad computacional por la seguridad incondicional con el renacer del *one-time pad* de Shannon, hoy por hoy una realidad ya disponible a nivel comercial. Quiero advertir que he intercalado comentarios, ideas y conclusiones filosóficas personales vinculadas con la definición de la complejidad en nuestro universo. Estos insertos podrán ser perfectamente ignorados por el lector, aunque tal vez sirvan para amenizar al conjunto. No quiero dejar pasar la oportunidad de expresar mi eterno agradecimiento a la Universidad de Buenos Aires y a mi colega y amigo Prof. Dr. Hugo Daniel Scolnik, quien me ha contagiado la pasión criptográfica. Además quedaré muy reconocido por las sugerencias que se me hagan llegar. Gracias a todos.

El autor.

INDICE

1. ABREVIATURAS Y CONVENCIONES

SIMBOLO	INTERPRETACION
ε	pertenece a
$\Rightarrow$	entonces
$\forall$	para todo
$\exists$	existe
$\bar{x}$, ! , $\neg$	(negación de x) , negación de, complemento lógico
sii	si y solo si
$\approx$	semejante
|	tal que
{ }	conjunto
$\wedge$	(conjunción) y
$\vee$	(disyunción) o (inclusivo)
Z, R	conjunto de los enteros, conjunto de los reales
Z^+	conjunto de los enteros positivos
H^n	espacio de Hilbert n-D (n-dimensional)
$\oplus$	XOR (suma módulo 2) (disyunción exclusiva)
ODE	Ecuaciones diferenciales ordinarias (sistema de)
PDE	Ecuaciones diferenciales a derivadas parciales (sistema de)
z^*	conjugado complejo ($z=a + bi$, $z^*= a -bi$)
$\|\Psi\rangle$	Vector en notación *"ket"* de Dirac (columna)
$\langle\Psi\|$	Vector dual de $\|\Psi\rangle$, notación *"bra"* de Dirac (fila, transpuesto)
$\langle\Phi\|\Psi\rangle$	Producto interno de vectores $\|\Phi\rangle$ y $\|\Psi\rangle$
$\|\Phi\rangle\langle\Psi\|$	Producto externo (vectorial) de vectores $\|\Phi\rangle$ y $\|\Psi\rangle$
$\|\Phi\rangle\otimes\|\Psi\rangle$	Producto tensorial, según el caso será $\|a\rangle\otimes\|b\rangle \equiv \|a\rangle\|b\rangle \equiv \|ab\rangle$
A*	Conjugada compleja de la matriz (vector, escalar) A
A^T	Transpuesta de la matriz A
A^+	Conjugada hermítica de la matriz A ; $A^+ =(A^T)^*$
$\langle\Phi\|A\|\Psi\rangle$	Producto interno entre $\|\Phi\rangle$ y $A\|\Psi\rangle$
$\|\|\Phi\rangle\|$	Norma del vector $\|\Phi\rangle$, $\|\|\Psi\rangle\| \equiv +\sqrt{\langle\Psi\|\Psi\rangle}$
$\|z\|$	Módulo del complejo z, $\|z\|=\sqrt{z\cdot z^*}$
δ_{ij}	Delta de Kronecker, $=1$(sii $i = j$) y cero en caso contrario
$tr(A)$	Traza de la matriz (cuadrada) A $\left(tr(A) \equiv \sum_i a_{ii}\right)$
n-D	Dimensionalidad (1-D, 2-D, 3-D son dimensiones euclidianas)
$\langle X\rangle$	Promedio o esperanza matemática de la observable cuántica X
ΔX	Desvío estándar de la observable cuántica X
$exp(\ )$	Exponenciación base e ($=2,7182818284590452+$)

1.1. Introducción a la mecánica cuántica (QM)

"La mecánica cuántica es la descripción más completa y precisa del mundo conocido" (Michael Nielsen)

La mecánica cuántica (*QM: Quantum Mechanics*) surge como necesidad para explicar hechos inexplicables en el mundo de la mecánica clásica. Cuando se intenta utilizar la mecánica y la electrodinámica clásicas para explicar los fenómenos atómicos, los resultados a que conducen se encuentran en franca contradicción con la experiencia. Ningún paradigma científico puede resistir este resultado de confrontación con la realidad.

Donde esto se ve con más claridad es en el rango del *macro y microcosmos*. La mecánica clásica explica los fenómenos de escala intermedia, pero no sirve para explicar modelos cosmológicos como el modelo del *big-bang*, la gravitación cuántica, las m-branes, la teoría de *superstrings*, o los modelos de universo cíclico. Tampoco explica porqué un electrón orbital gira (con aceleración angular) y no emite radiación, en síntesis porqué los átomos son estructuralmente estables, porqué los electrones pueden generar difracción y otros fenómenos similares. Recordemos que los seres vivos (tal como los conocemos) están formados por átomos y como tales sometidos a sus reglas de comportamiento. Salvo una visión holística a ultranza, que hoy día no posee muchos seguidores, *el comportamiento biológico es consecuencia forzada del comportamiento de la materia que compone a su estructura.*

Esta profunda contradicción entre la teoría y el experimento muestra que la construcción de una teoría que explique el dominio de las masas, longitudes y tiempos muy pequeños o muy grandes exige un cambio radical en las leyes y en las ideas clásicas fundamentales. Como punto de partida de este análisis resulta interesante analizar el fenómeno de difracción de electrones. Al pasar un haz homogéneo de electrones por un cristal, en el haz emergente se observa una figura formada por máximos y mínimos de intensidades separados por espacios, análogo a la difracción por ondas electromagnéticas. Es decir, en ciertas condiciones una partícula como el electrón se puede comportar como una onda. Este fenómeno debido a la interferencia no se reduce (como lo predice el comportamiento clásico) a la simple superposición de acciones individuales. Hacen falta nuevas explicaciones, con nociones de movimiento e interacción diferentes al que predicen las ideas clásicas. Así nace la *mecánica cuántica*, una cosmovisión del universo en micro y macroescala.

Uno de los conceptos fundamentales es la inexistencia del concepto de trayectoria de partículas. Esta circunstancia constituye el contenido del *principio de incertidumbre o de indeterminación*, pilar de la mecánica cuántica y formulado en 1927 por Werner Heisenberg (LANDAU, 1974). Al rechazar las ideas ordinarias de la mecánica clásica, el principio de incertidumbre posee un cierto contenido negativo. Es natural que este principio no puede por sí mismo construir la nueva mecánica de partículas.

De ordinario, la teoría más general se puede formular de una manera lógicamente cerrada con independencia de la teoría menos general que constituye un caso límite de la primera. Así la mecánica relativista puede construirse sobre la base de sus principios sin hacer referencias a la mecánica newtoniana. Pero la formulación de las tesis fundamentales de la mecánica cuántica es en principio imposible sin valerse de la mecánica clásica. El hecho que un electrón carezca de una trayectoria determinada lo priva también de otras características dinámicas. Por esto está claro que para un sistema formado exclusivamente por objetos cuánticos, en general sería imposible construir una mecánica lógicamente cerrada. Si un electrón entra en contacto con un sistema clásico, el estado de este último cambia. En este sentido, al sistema clásico se lo llama *aparato* y a la interacción *medición*. No se trata de una medición en la que participa un observador, se denominan así todas las interacciones clásico-cuánticas independientes de los observadores. Hemos definido como aparato a un objeto físico

6

que obedece con suficiente precisión a la mecánica clásica. En general podrá ser un cuerpo suficientemente masivo, aunque esto no es imprescindible. Un electrón se comporta como aparato al desplazarse en una cámara de niebla de Wilson. Si las coordenadas del electrón se miden con un grado de precisión moderado, su trayectoria será continua y predecible.

Pero, si manteniendo constante la precisión de las mediciones se disminuyen los intervalos Δt entre ellas, las *mediciones vecinas* darán valores de coordenadas próximos entre sí. Sin embargo, los resultados de *mediciones sucesivas*, aunque se hallen confinadas a una región pequeña del espacio, *estarán situados en esta región de manera totalmente desordenada*, sin entrar en ninguna curva continua. Aquí aparece una característica inherente a la mecánica cuántica, el *caos* (que aquí no es determinista) surge en cada interacción, al contrario de lo que pasa en mecánica clásica. En este caso se trata de azar físico, azar real y absolutamente inevitable aunque si medible.

Este fenómeno descripto indica que *en la mecánica cuántica no existe el concepto de velocidad de una partícula* en el sentido clásico de la palabra como límite al que tiende la diferencia de las coordenadas correspondientes a dos instantes dividida por el intervalo Δt entre ellos. Sin embargo, en mecánica cuántica es posible dar una definición razonable de la velocidad de una partícula en un instante dado, que al pasar a la mecánica clásica se convierte en velocidad clásica.

Mientras en la mecánica clásica la partícula posee en cada instante unas coordenadas y una velocidad determinadas, en la mecánica cuántica las cosas ocurren de una manera absolutamente distinta. Si el electrón posee unas coordenadas determinadas como resultado de una medición, en estas condiciones no tendrá ninguna velocidad determinada. Y al contrario, si el electrón posee una velocidad determinada, no podrá tener una posición determinada en el espacio. En efecto, la existencia simultánea, en un instante cualquiera, de coordenadas y de velocidad significaría que existe una

7

trayectoria determinada, que el electrón no posee. Podría decirse que *la posición y la velocidad son magnitudes que no existen simultáneamente*.

En general, el mundo clásico es **continuo y causal**, el cuántico **discreto y aleatorio**.

Formalizando estas relaciones a través del **principio de incertidumbre** de Heisenberg, tenemos que las *indeterminaciones (o desvíos estándar)* en la medición de las magnitudes de posición (x) y momento proyectado a lo largo de esa coordenada (p_x) (velocidad) y donde $\hbar$ es la constante de Planck (en unidades 2π), se cumple que

$$\Delta x \Delta p_x \approx \hbar \tag{1.1.1}$$

En mecánica cuántica juegan un papel importante los conjuntos de magnitudes físicas que poseen la siguiente propiedad: estas magnitudes pueden medirse simultáneamente, con la particularidad que si tienen al mismo tiempo valores bien determinados, ninguna otra magnitud física (que no sean función de las primeras) puede poseer en ese estado un valor determinado. Estos conjuntos de magnitudes se llaman **sistemas completos**. Los estados completamente definidos surgen como resultados de la medición simultánea de un sistema completo de magnitudes físicas. Por los resultados de una medición así, se puede determinar la probabilidad de los resultados de cualquier medición ulterior con independencia de lo que ocurriera al electrón antes de primera medición.

Cada estado cuántico se describe a través de una **función de onda** (de variable compleja)

$$\Psi = ae^{i\varphi} \tag{1.1.2}$$

donde la amplitud (a) es una función que varía poco y la fase (φ) toma valores grandes. Según el *principio variacional de la mínima acción*, la acción S de un sistema mecánico debe ser minimal y esto determina la trayectoria de las partículas en mecánica clásica. Partiendo de esta analogía, se puede afirmar que la fase de la función de onda en el caso límite clásico debe ser proporcional a la acción mecánica S del sistema físico considerado, es decir *S = constante* . φ. La constante de proporcionalidad es la constante de Planck antes descripta, con lo cual (1.1.2) queda

$$\Psi = ae^{\frac{i}{\hbar}S}$$

(1.1.3)

y cuya expresión se conoce como función de onda *"cuasi-clásica"*. Se puede demostrar que el caso clásico pasa a ser un caso particular de este estado cuántico cuasi-clásico cuando la fase se hace muy grande $\varphi \to \infty$ lo que es equivalente al paso al límite $\hbar \to 0$.

Por último todas las mediciones (interacciones) que alteran los estados cuánticos pueden ser computadas a través de operadores que modifican la función de onda. En los apartados que siguen veremos ejemplos de estas interacciones y de sus consecuencias.

1.2. Postulados de la mecánica cuántica

"Lo mas incomprensible de nuestro mundo es que es comprensible" (Albert Einstein)
"Toda comprensión comienza con nuestra no aceptación del mundo tal como aparenta ser" (Alan Kay)

La mecánica cuántica es el marco matemático para el desarrollo de teorías físicas. De por sí, la mecánica cuántica no indica qué ley obedece un sistema físico (químico y biológico) pero sí provee el marco conceptual para el desarrollo de esas leyes.

Estos postulados han sido deducidos por un largo proceso de prueba y error, y sus fundamentos siguen siendo sorprendentes incluso para sus múltiples autores. Cuando de aquí en más y en los apartados dedicados a la mecánica cuántica mencionemos a la física, recordemos que ella condiciona a la química y por ende a la biología. O sea, toda conclusión que afecte a los sistemas físicos, impactará sobre los biológicos.

POSTULADO 1: *Asociado con cada sistema físico, se encuentra un espacio de Hilbert (H) (espacio vectorial complejo con producto interno normalizado) conocido como **espacio de estados** del sistema. El sistema es completamente descripto por su **vector de estado**, el cual es un **vector unitario** en dicho espacio de estados.*

El sistema más simple de la mecánica cuántica y el que más nos interesa desde el punto de vista de la complejidad, es el *qubit* (*quantum bit*) o unidad elemental de información cuántica.

Un qubit se representa por un *vector de estado* en el espacio de Hilbert 2-D *(H^2)*. Sea una base *ortonormal* (*ortogonal y de norma unitaria*)

$$|0\rangle = \begin{pmatrix} 1 \\ 0 \end{pmatrix} \quad ; \quad |1\rangle = \begin{pmatrix} 0 \\ 1 \end{pmatrix} \tag{1.2.1}$$

y por lo tanto se representa

$$|\Psi\rangle = \begin{pmatrix} \alpha \\ \beta \end{pmatrix} = \alpha|0\rangle + \beta|1\rangle \tag{1.2.2}$$

donde α y β son complejos. Cuando α y β no son nulos, decimos que los estados cero y uno están en *superposición*. Es decir *un qubit está simultáneamente en los estados clásicos uno y cero*, sólo se define por una medición o interacción. La condición (*de normalización*) para que $|\Psi\rangle$ sea *vector unitario* responde a

$$\langle \Psi | \Psi \rangle = 1 \tag{1.2.3}$$

lo que es equivalente a

$$|\alpha|^2 + |\beta|^2 = 1 \tag{1.2.4}$$

donde si $\alpha = r_1 + r_2 i$ *entonces* $|\alpha|^2 = \alpha \cdot \alpha^* = r_1^2 + r_2^2$.

Resulta que $|0\rangle, |1\rangle$ no es la única base ortonormal para los qubits, podemos emplear cualquier base ortonormal alternativa, por ejemplo

$$|+\rangle \equiv (|0\rangle + |1\rangle)/\sqrt{2} \quad |-\rangle \equiv (|0\rangle - |1\rangle)/\sqrt{2} \tag{1.2.5a}$$

con la cual se establece la equivalencia

$$|\Psi\rangle = \alpha|0\rangle + \beta|1\rangle = \alpha \frac{|+\rangle + |-\rangle}{\sqrt{2}} + \beta \frac{|+\rangle - |-\rangle}{\sqrt{2}} = \frac{\alpha + \beta}{\sqrt{2}}|+\rangle + \frac{\alpha - \beta}{\sqrt{2}}|-\rangle \tag{1.2.5b}$$

Por (1.2.4), un qubit puede también ser escrito en su forma polar, donde $e^{i\gamma}$ se puede dejar de lado por no tener efectos observables y φ, θ, γ son tres números reales

$$|\Psi\rangle = e^{i\gamma}(\cos(\theta/2)|0\rangle + e^{i\varphi} sen(\theta/2)|1\rangle) \cong \cos(\theta/2)|0\rangle + e^{i\varphi} sen(\theta/2)|1\rangle \tag{1.2.6}$$

con la siguiente interpretación geométrica de vector en la esfera de Bloch

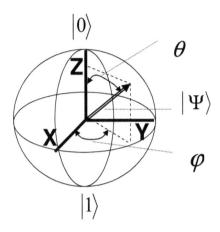

Figura 1.2.1: Esfera de Bloch con un qubit contenido. Los polos de la esfera representan los estados clásicos bit 0 y bit 1, cada punto sobre la esfera (theta, phi) representa una superposición entre ambos estados clásicos.

POSTULADO 2: *La evolución de un sistema cuántico **cerrado** (estrictamente aislado, sin intercambio de energía con su medio ambiente) es descripta por una transformación unitaria. Esto es que el estado $|\Psi\rangle$ del sistema al tiempo t_1 está vinculado al estado $|\Psi'\rangle$ al tiempo t_2 por un **operador unitario** U que depende sólo de t_1 y t_2 tal que $|\Psi'\rangle = U|\Psi\rangle$*

Se define U como *operador hermítico* (o hermitiano) si $U = U^+$ y como *operador unitario* si $U^{-1} = U^+$. Queda claro que si un operador es hermítico y unitario, se cumple que $U^2 = I$ la matriz unitaria. Como ejemplos de operadores hermíticos y unitarios tenemos las **matrices de Pauli** (en H^2). En general todo operador es representable por una matriz (o producto vectorial de matrices – o vectores)

$$I \equiv \begin{pmatrix} 1 & 0 \\ 0 & 1 \end{pmatrix} \quad \sigma_1 \equiv \sigma_x \equiv X \equiv \begin{pmatrix} 0 & 1 \\ 1 & 0 \end{pmatrix} \quad \sigma_2 \equiv \sigma_y \equiv Y \equiv \begin{pmatrix} 0 & -i \\ +i & 0 \end{pmatrix} \quad \sigma_3 \equiv \sigma_z \equiv Z \equiv \begin{pmatrix} 1 & 0 \\ 0 & -1 \end{pmatrix} \quad (1.2.7)$$

que forman una *base ortonormal* y por ende permiten escribir a todo vector en H^2 como combinación lineal $|\Psi\rangle = \sum_{i=I,X,Y,Z} \alpha_i \sigma_i$. Otro operador con idénticas propiedades y de interés para el procesamiento de información es el operador de Hadamard

$$H|0\rangle = \frac{1}{\sqrt{2}}(|0\rangle + |1\rangle) \quad H|1\rangle = \frac{1}{\sqrt{2}}(|0\rangle - |1\rangle) \quad o\ como\ matriz \quad H = \frac{1}{\sqrt{2}}\begin{pmatrix} 1 & 1 \\ 1 & -1 \end{pmatrix} \qquad (1.2.8)$$

Para que se cumpla el postulado 2 se requiere que el sistema no interactúe con su medio ambiente. Estrictamente todo sistema real (que no sea el propio universo) interactúa parcial o totalmente con otros sistemas, sin embargo muchas veces es posible abstraer esa interacción y aplicar este principio.

El postulado 2 describe cómo se correlacionan en el tiempo los estados cuánticos de un sistema cerrado. Una versión más refinada de este postulado describe la evolución del sistema en *tiempo continuo* a través de una ODE.

POSTULADO 2': *La evolución en el tiempo de un sistema cuántico **cerrado** es descripta por la ecuación de onda de Schrödinger* $i\hbar \dfrac{d|\Psi\rangle}{dt} = H|\Psi\rangle$ *donde H es el operador Hamiltoniano (hermítico y unitario), y* $\hbar$ *es la constante de Planck ya analizada.*

El Hamiltoniano (H) define la energía del sistema (que puede variar de naturaleza) y si se lo conoce se puede predecir la dinámica de ese sistema. En general describir H es un problema extremadamente complejo y que en muchos casos (relativamente simples) llevó buena parte del estudio de la física de los siglos XIX y XX.

Dado que H es un operador hermítico posee *descomposición espectral*

$$H = \sum_E E |E\rangle\langle E| \qquad (1.2.9)$$

donde E son los *autovalores* y $|E\rangle$ los correspondientes *autovectores* normalizados. Los estados $|E\rangle$ son conocidos como los *autoestados de energía* o *estados estacionarios* y E es la *energía* del estado $|E\rangle$. La energía más baja es conocida como el nivel de base del sistema y el correspondiente autoestado como el estado basal. Los autoestados $|E\rangle$ evolucionan en el tiempo hasta llegar a un valor estacionario o constante a partir del estado inicial

$$\left| E_t \right\rangle = e^{\frac{-iEt}{\hbar}} \left| E_0 \right\rangle \qquad (1.2.10)$$

La ecuación de Schrödinger posee la siguiente solución general

$$\left| \Psi(t_2) \right\rangle = e^{\frac{-iH(t_2-t_1)}{\hbar}} \left| \Psi(t_1) \right\rangle \equiv U(t_2 - t_1) \left| \Psi(t_1) \right\rangle \qquad (1.2.11)$$

Se puede demostrar que el operador $U(t_2-t_1)$ es unitario, por lo cual el postulado 2' coincide con el postulado 2. Además se puede demostrar que para todo operador unitario, existe un operador hermítico K tal que

$$U = e^{iK} \qquad (1.2.12)$$

La evolución de los sistemas cuánticos cerrados ocurre a través de operadores unitarios, pero a veces los operadores interaccionan con el sistema (**medición**) y alteran su estado, pudiendo eliminar superposiciones. Este proceso se rige por el tercer postulado.

> **POSTULADO 3**: *Las mediciones cuánticas son descriptas por un conjunto {M_n} de* **operadores de medición** *Estos son operadores que actúan sobre el espacio de estados del sistema medido. El subíndice m se refiere a los resultados posibles del experimento de medición. Si el estado de un sistema cuántico es* $|\Psi\rangle$, *inmediatamente antes de la medición, la probabilidad de ocurrencia de m es* $p(m) = \langle\Psi|M_m^+ M_m|\Psi\rangle$ *y el estado del sistema después de la medición es* $\dfrac{M_m|\Psi\rangle}{\sqrt{\langle\Psi|M_m^+ M_m|\Psi\rangle}}$. *Los operadores de medición satisfacen la condición de completamiento* $\sum_m M_m^+ M_m = I$

La condición de completamiento expresa que las probabilidades de los resultados suman uno

$$1 = \sum_m p(m) = \sum_m \langle\Psi|M_m^+ M_m|\Psi\rangle \tag{1.2.13}$$

Por ejemplo, si el estado de un sistema cuántico de un simple qubit fuese

$$|\Psi\rangle = \begin{pmatrix}\alpha \\ \beta\end{pmatrix} = \alpha|0\rangle + \beta|1\rangle \tag{1.2.14}$$

y se le aplica la *operación de medida en base computacional*, los operadores de medición serían

$$M_0 = |0\rangle\langle0| = \begin{pmatrix}1 & 0 \\ 0 & 0\end{pmatrix}$$
$$M_1 = |1\rangle\langle1| = \begin{pmatrix}0 & 0 \\ 0 & 1\end{pmatrix} \tag{1.2.15}$$

Se puede observar que ambos operadores son hermíticos y que $M_0^2 = M_0$, $M_1^2 = M_1$ por lo cual

15

$$p(0) = \langle \Psi | M_0^+ M_0 | \Psi \rangle = \langle \Psi | M_0 | \Psi \rangle = | \alpha |^2$$
$$p(1) = \langle \Psi | M_1^+ M_1 | \Psi \rangle = \langle \Psi | M_1 | \Psi \rangle = | \beta |^2$$

$$(1.2.16)$$

y el estado residual después de ambos resultados de medición será exactamente el estado bit clásico **0** y **1** respectivamente

$$\frac{M_0 | \Psi \rangle}{| \alpha |} = \frac{\alpha}{| \alpha |} | 0 \rangle = | 0 \rangle$$
$$\frac{M_1 | \Psi \rangle}{| \beta |} = \frac{\beta}{| \beta |} | 1 \rangle = | 1 \rangle$$

$$(1.2.17)$$

Como $\alpha/_{|\alpha|} = Signo(\alpha) = \pm 1$ y se puede demostrar que los estados $e^{i\theta} | \Psi \rangle$ y $| \Psi \rangle$ $(\theta \in \Re)$ son iguales (salvo el *factor global de fase* $e^{i\theta}$) y por ende las estadísticas de medición son iguales y por eso en (1.2.17) se eliminan esos factores. Para el caso particular

$$\theta = \pi \Rightarrow e^{i\pi} = -1 \therefore | \Psi \rangle = -| \Psi \rangle$$

$$(1.2.18)$$

y en general será cierto que

$$p(m) = \langle \Psi | M_m^+ M_m | \Psi \rangle = \langle \Psi | e^{-i\theta} M_m^+ M_m e^{i\pi} | \Psi \rangle = \langle \Psi | M_m^+ M_m | \Psi \rangle$$

$$(1.2.19)$$

lo que ilustra la invariancia del resultado de las mediciones respecto de los cambios absolutos de fase. Cuando se hacen mediciones consecutivas con dos operadores de medición $\{L_l\}$ y $\{M_m\}$, se demuestra que equivalen a un único operador $\{Nl_{lm}\} = \{M_m L_l\}$

Distinguibilidad e indistinguibilidad de estados cuánticos

Una aplicación importante del postulado 3 es el problema de la distinción entre estados cuánticos. En el mundo clásico, los diferentes estados de un objeto son

16

distinguibles, al menos en principio. Por ejemplo, siempre podremos distinguir si una moneda cae en cara o en cruz. En mecánica cuántica el tema es mas complejo y sólo tiene solución si los estados a distinguir son ortonormales.

Sea un conjunto de estados ortonormales posibles $|\Psi_i\rangle$ $(1 \le i \le n)$. Definiendo n-operadores de medición $M_i = |\Psi_i\rangle\langle\Psi_i|$ y un operador de medición adicional $M_0 = I - \sum_n |\Psi_i\rangle\langle\Psi_i|$, vemos que el conjunto $M_0...M_n$ satisface la condición de completamiento. Por construcción, cada operador M_i es hermítico y cumple $M_i^2 = M_i$. Por ende, si el sistema estuviese en el estado i-ésimo,

$$p(i) = \langle\Psi_i|M_i^+M_i|\Psi_i\rangle = \langle\Psi_i|M_i|\Psi_i\rangle = 1 \qquad (1.2.20)$$

Por lo tanto, si el sistema está en estado i, la probabilidad de ser nedido como tal es uno, o sea los estados son perfectamente distinguibles entre sí.

Por el contrario, si los estados $|\Psi_i\rangle$ $(1 \le i \le n)$ no fuesen mutuamente ortogonales, *no existe medición cuántica posible que permita distinguir entre esos estados*. Se demuestra este hecho notable de la siguiente manera:

Sean $|\Psi_1\rangle, |\Psi_2\rangle$ dos estados no-ortogonales de un sistema cuántico. Supongamos que existiesen mediciones que permitiesen distinguirlos, entonces la probabilidad de medir j tal que $f(j)=1$ (o $f(j)=2$) será 1. Definiendo $E_i \equiv \sum_{j:f(j)=i} M_j^+ M_j$, estas observaciones pueden ser escritas como

$$\langle\Psi_1|E_1|\Psi_1\rangle = 1 \;\; ; \langle\Psi_2|E_2|\Psi_2\rangle = 1 \qquad (1.2.21)$$

Dado que $\sum_i E_i = I$ se deduce que $\sum_i\langle\Psi_1|E_i|\Psi_1\rangle = 1$ y dado que $\langle\Psi_1|E_1|\Psi_1\rangle = 1$ resulta que $\langle\Psi_1|E_2|\Psi_1\rangle = 0$ y por lo tanto $\sqrt{E_2}|\Psi_1\rangle = 0$. Supongamos que se descompone

17

$|\Psi_2\rangle = \alpha|\Psi_1\rangle + \beta|\varphi\rangle$ donde $|\varphi\rangle$ es ortonormal a $|\Psi_1\rangle$, $|\alpha|^2 + |\beta|^2 = 1$ y $\beta < 1$ dado que $|\Psi_1\rangle$ y $|\Psi_2\rangle$ no son ortogonales. Entonces $\sqrt{E_2}|\Psi_2\rangle = \beta\sqrt{E_2}|\varphi\rangle$ lo que se contradice con (1.2.21) dado que

$$\langle \Psi_2 | E_2 | \Psi_2 \rangle = |\beta|^2 \langle \varphi | E_2 | \varphi \rangle \leq |\beta|^2 \leq 1 \qquad (1.2.22)$$

La segunda inecuación surge de la observación

$$\langle \varphi | E_2 | \varphi \rangle \leq \sum_i \langle \varphi | E_i | \varphi \rangle = \langle \varphi \| \varphi \rangle = 1 \qquad (1.2.23)$$

En forma menos rigurosa pero más intuitiva, si $|\Psi_2\rangle$ no fuese ortogonal a $|\Psi_1\rangle$, $|\Psi_2\rangle$ se podría descomponer en dos componentes ortonormales, uno paralelo a $|\Psi_1\rangle$ y otro perpendicular a él. Por lo tanto, al medir $|\Psi_2\rangle$ existe una probabilidad (no nula) de medir $|\Psi_1\rangle$ (por el componente paralelo) y si el resultado indicase $|\Psi_1\rangle$ no se sabría si corresponde realmente o no a dicho estado.

Medidas proyectivas

Esta clase de mediciones son un caso particular del postulado 3. Una medida proyectiva queda definida por un *observable M*, operador hermítico del espacio de estados bajo estudio. Este observable tiene una descomposición espectral

$$M = \sum_m m P_m \qquad (1.2.24)$$

donde P_m es el proyector en el autoespacio de M con autovalor m. Los resultados posibles de la medición corresponden a los distintos autovalores del observable. Después de medir el estado $|\Psi\rangle$, la probabilidad de obtener el resultado m es

$$p(m) = \langle \Psi | P_m | \Psi \rangle \tag{1.2.25}$$

Si *m* ocurrió, el estado residual será

$$\frac{P_m | \Psi \rangle}{\sqrt{p(m)}} \tag{1.2.26}$$

Supongamos que según la definición del postulado 3, los operadores de medición aparte de cumplir con el completamiento $\sum_m M_m^+ M_m = I$ también satisfacen que los M_m son proyectores ortogonales, es decir que son hermíticos y que

$$M_m M_k = \delta_{mk} M_m \tag{1.2.27}$$

Bajo estas restricciones, el postulado 3 se reduce a las medidas proyectivas. Esta clase de medidas posee propiedades interesantes. En particular es muy fácil calcular promedios de medidas proyectivas, por ejemplo la esperanza (o promedio) de la medida es

$$< M > \equiv E(M) = \sum_m m \, p(m) = \sum_m m \langle \Psi | P_m | \Psi \rangle =$$
$$= \langle \Psi | (\sum_m m \, P_m) | \Psi \rangle = \langle \Psi | M | \Psi \rangle \tag{1.2.28}$$

El promedio de la medida se suele representar como *<M>*, con lo cual se puede calcular la suma de cuadrados (la llamaremos **varianza**, dejando de lado la variable *m-1*):

$$(\Delta(M))^2 = < M^2 > - < M >^2 \tag{1.2.29}$$

Con lo cual su raíz cuadrada (el ***desvío estándar***) será

$$\Delta(M) = \sqrt{<M^2> - <M>^2} \qquad (1.2.30)$$

Una forma habitual de usar los proyectores son las **medidas en base** $|m\rangle$, donde $|m\rangle$ forma una base ortonormal y $P_m = |m\rangle\langle m|$ forma cada uno de los m proyectores. En general si M es diagonalizable, admite descomposición espectral en función de sus autovectores $|i\rangle$ que forman una base ortonormal y sus autovalores λ_i

$$M = \sum_i \lambda_i |i\rangle\langle i| = \sum_i \lambda_i P_i \qquad (1.2.31)$$

Por ejemplo, cuando se aplican medidas proyectivas a qubits aislados y se usa el observable Z, la matriz de Pauli definida en (1.2.7), resulta que los autovalores son +1 y -1 y los autovectores $|0\rangle$ y $|1\rangle$ respectivamente, los proyectores serán $P_0 = |0\rangle\langle 0|$ y $P_1 = |1\rangle\langle 1|$ y se verifica

$$Z = \sum_i \lambda_i |i\rangle\langle i| = +1|0\rangle\langle 0| -1|1\rangle\langle 1| = \begin{pmatrix} 1 & 0 \\ 0 & -1 \end{pmatrix} \qquad (1.2.32)$$

y si se mide el qubit $|\Psi\rangle = \dfrac{|0\rangle + |1\rangle}{\sqrt{2}} = \dfrac{1}{\sqrt{2}}\begin{pmatrix} 1 \\ 1 \end{pmatrix}$ resulta de (1.2.25)

$$\begin{aligned} p(+1) &= \langle\Psi|0\rangle\langle 0|\Psi\rangle = \tfrac{1}{2} \\ p(-1) &= \langle\Psi|1\rangle\langle 1|\Psi\rangle = \tfrac{1}{2} \end{aligned} \qquad (1.2.33)$$

O sea, la misma probabilidad de medir +1 y -1. En términos más generales, supongamos que $\vec{v}$ es cualquier vector unitario 3-D, entonces, usando las matrices de Pauli, podemos definir $\vec{v}\cdot\vec{\sigma} \equiv v_1\sigma_1 + v_2\sigma_2 + v_3\sigma_3$ como observable habitualmente conocida como *"medida de spin a lo largo del eje $\vec{v}$ "* y cuyos resultados posibles son **+1** (spin) y **-1** (antispin).

Mediciones POVM (*positive operador-valued measure*)

El postulado 3 involucra dos elementos, primero brinda un instrumento que describe la estadística de las mediciones, segundo brinda la regla que describe el estado residual del sistema una vez medido. Cuando sólo nos interesa efectuar una única medición sobre un sistema, el estado residual carece de importancia. En ese caso existe un formulismo matemático conocido como POVM (por motivos históricos) que lo resuelve elegantemente.

Supongamos que se efectúa una medida descripta por los operadores de medición M_m sobre un sistema cuántico en estado $|\Psi\rangle$. La probabilidad de resultado m ha sido descripta como $p(m) = \langle\Psi|M_m^+ M_m|\Psi\rangle$. Supongamos que se define

$$E_m = M_m^+ M_m \qquad\qquad (1.2.34)$$

entonces por el postulado 3 y álgebra lineal, E_m es un operador positivo tal que $\sum_m E_m = I$ y $p(m) = \langle\Psi|E_m|\Psi\rangle$. Por lo tanto el conjunto de operadores E_m es suficiente para determinar las probabilidades de los diferentes resultados. Los operadores E_m son conocidos como los elementos POVM asociados con la medida. *El conjunto completo { E_m } es conocido como un POVM.*

Como ejemplo de POVM se puede considerar las medidas proyectivas descriptas por operadores de medición P_m, donde los P_m son *proyectores* tales que $M_m M_k = \delta_{mk} M_m$ y $\sum_m P_m = I$. En esta instancia (y sólo en esta) los elementos POVM son iguales a los propios operadores de medición, dado que $E_m = P_m^+ P_m = P_m$. Por medio de las mediciones POVM se pueden efectuar medidas en sistemas complejos que generalmente conducen a la *identificación infalible* de algún estado de origen, aunque esa infalibilidad tiene el costo de que a veces no se puede llegar a ninguna conclusión acerca del mismo. Por ejemplo, Supongamos que se prepara un qubit en uno de estos dos estados mutuamente excluyentes

$$|\Psi_1\rangle = |0\rangle$$
$$|\Psi_2\rangle = (|0\rangle + |1\rangle)/\sqrt{2}$$

(1.2.35)

Se construye un POVM de tres elementos

$$E_1 = \frac{\sqrt{2}}{1+\sqrt{2}}|1\rangle\langle1|$$
$$E_2 = \frac{\sqrt{2}}{1+\sqrt{2}}\frac{(|0\rangle-|1\rangle)(\langle0|-\langle1|)}{2}$$
$$E_3 = I - E_1 - E_2$$

(1.2.36)

Las mediciones posibles se describen en el presente cuadro

estado real del sistema	probabilidad que se obtenga la medida		
	E_1	E_2	E_3
$|\Psi_1\rangle$	=0 [(1)]	>0	>0
$|\Psi_2\rangle$	>0	=0 [(2)]	>0

Tabla 1.2.1.: Resultados de medicion POVM. Notar que [(1)]$\langle\Psi_1|E_1|\Psi_1\rangle = 0$ *y que* [(2)]$\langle\Psi_2|E_2|\Psi_2\rangle = 0$

Por lo tanto, si se obtiene como resultado E_1 se concluye sin error que el estado real era $|\Psi_2\rangle$ y si se obtiene E_2 se concluye sin error que el estado real era $|\Psi_1\rangle$. El costo de esta infalibilidad es que si el resultado obtenido fuese E_3 no se puede decidir con seguridad cual es el estado de origen.

Supongamos ahora el caso más general en el cual estamos interesados en sistemas cuánticos formados por dos o más sistemas físicos distintos. El siguiente postulado explica como describir un sistema compuesto de esta clase.

POSTULADO 4: *El espacio de estados de un sistema físico compuesto es el producto tensorial de los espacios de estado de los componentes. Específicamente, si tenemos los sistemas numerados de 1 a n, si el estado del sistema 1 es* $|\Psi_1\rangle$ *y así sucesivamente, el estado conjunto del ensamble será* $|\Psi_1\rangle \otimes |\Psi_2\rangle \otimes ... \otimes |\Psi_n\rangle$

Hay una aproximación heurística a este principio. Se suele mencionar como el *principio de superposición de la mecánica cuántica* al que plantea que si $|x\rangle$ e $|y\rangle$ son dos estados de un sistema cuántico, entonces cualquier superposición $\alpha|x\rangle + \beta|y\rangle$ también será un estado válido de otro sistema, específicamente el sistema superpuesto de los dos anteriores. Además se debe cumplir la condición de renormalización $|\alpha|^2 + |\beta|^2 = 1$. El producto tensorial permite que para el caso de superponer dos sistemas con funciones de estado en los espacios H^n y H^m, el espacio resultante será $H^n \otimes H^m = H^{n.m}$ logrando esa multiplicación de combinaciones. Por ejemplo, un *"registro"* o memoria de dos qubits $|\Psi\rangle, |\Theta\rangle$ se compone de la siguiente manera

$$|\Psi\rangle = \alpha_0|0\rangle + \alpha_1|1\rangle = \begin{pmatrix} \alpha_0 \\ \alpha_1 \end{pmatrix} \quad ; \quad |\Theta\rangle = \beta_0|0\rangle + \beta_1|1\rangle = \begin{pmatrix} \beta_0 \\ \beta_1 \end{pmatrix}$$

$$|\Psi\Theta\rangle = |\Psi\rangle \otimes |\Theta\rangle = \begin{pmatrix} \alpha_0 \\ \alpha_1 \end{pmatrix} \otimes \begin{pmatrix} \beta_0 \\ \beta_1 \end{pmatrix} = \begin{pmatrix} \alpha_0\beta_0 \\ \alpha_0\beta_1 \\ \alpha_1\beta_0 \\ \alpha_1\beta_1 \end{pmatrix} = \alpha_0\beta_0|00\rangle + \alpha_0\beta_1|01\rangle + \alpha_1\beta_0|10\rangle + \alpha_1\beta_1|11\rangle \qquad (1.2.37)$$

donde los vectores

$$|00\rangle = \begin{pmatrix} 1 \\ 0 \\ 0 \\ 0 \end{pmatrix}, \; |01\rangle = \begin{pmatrix} 0 \\ 1 \\ 0 \\ 0 \end{pmatrix}, \; |10\rangle = \begin{pmatrix} 0 \\ 0 \\ 1 \\ 0 \end{pmatrix}, \; |11\rangle = \begin{pmatrix} 0 \\ 0 \\ 0 \\ 1 \end{pmatrix} \qquad (1.2.38)$$

forman una base ortonormal en H^t. Curiosamente hay registros de qubits no reducibles en términos de qubits individuales, un resultado sorprendente de la mecánica cuántica. Así se define un nuevo concepto, el **entramado** (*entanglement*) de estados cuánticos. Por ejemplo, si se considera el siguiente estado de dos qubits (estado de Bell o par EPR)

$$|\Psi\rangle = \frac{|00\rangle + |11\rangle}{\sqrt{2}} \tag{1.2.39}$$

Es simple ver que este estado no es descomponible en la forma (1.2.37), o sea $|\Psi\rangle \neq |a\rangle \otimes |b\rangle$ para estados puros $|a\rangle, |b\rangle$ ya que no hay combinación de coeficientes complejos $\{\alpha_0, \alpha_1, \beta_0, \beta_1\}$ que cumplan ambas descripciones.

comentario

> *En el caso de estados **entramados**, existe una **supercorrelación** entre ambos qubits que es más fuerte que la correlación clásica. Por ejemplo, si se separasen los qubit de un par entramado y uno se midiese en el valor 0, el restante forzosamente mediría también 0 aunque se efectúe a distancias y tiempos inconmensurables de la primer medida. Gracias al fenómeno del entramado, la computación cuántica permite la existencia de dos fenómenos de sumo interés: la teleportación y la codificación superdensa que se discuten más adelante.*

*Hemos discutido todos los postulados de la mecánica cuántica. Repasemos brevemente los mismos para ubicarlos en una perspectiva global. El primer postulado describe el escenario de la mecánica cuántica al fijar el modo de describir los estados cuánticos. El segundo nos habla de la dinámica de los estados, lo que se resuelve por la ecuación de Schrödinger y los operadores unitarios. El tercer postulado nos informa cómo extraer información de un sistema cuántico a través de mediciones. El cuarto postulado nos aclara como se combinan estados cuánticos individuales en un ensamble superpuesto. Lo que es desconcertante en la mecánica cuántica, al menos desde el punto de vista de la mecánica clásica, es que no se puede observar directamente al estado del sistema. Es una especie de juego de ajedrez en el cual nunca podemos estar seguros en qué casilla se encuentra cada pieza. La mecánica clásica – y nuestra intuición – nos dice que las propiedades fundamentales de un objeto (como la energía, posición y velocidad) son directamente observables y medibles. En la mecánica cuántica esas magnitudes dejan de ser importantes para ser reemplazadas por un vector de estado que no puede ser observado directamente. Todo se comporta como si en la mecánica cuántica existiese un **mundo oculto** de acceso indirecto e imperfecto. Además observar un sistema clásico no cambia necesariamente el estado del mismo. En cambio en el mundo cuántico y de acuerdo al postulado 3 las mediciones son invasivas y normalmente alteran al sistema bajo estudio. Nos podríamos preguntar cómo siendo tan diferente la cuántica de la clásica, ¿porqué en el universo corriente que nos rodea no hay evidencia a favor de la primera? Resulta ser que el mundo clásico puede ser deducido de la mecánica cuántica como descripción aproximada del universo en las escalas de espacio, longitud y masa en las cuales nos desenvolvemos.*

1.3. El gato de Schrödinger

Erwin Schrödinger planteó un interesante modelo que ilustra la naturaleza azarosa de la mecánica cuántica (SCHRÖDINGER, 1992). Cuando se habla del "gato de Schrödinger" se está haciendo referencia a una paradoja que surge de un célebre experimento imaginario propuesto por Erwin Schrödinger en el año 1937 para ilustrar las diferencias entre interacción y medida en el campo de la mecánica cuántica.

El experimento mental consiste en imaginar a un gato metido dentro de una caja que también contiene un curioso y peligroso dispositivo. Este dispositivo está formado por una ampolla de vidrio que contiene un veneno muy volátil y por un martillo sujeto sobre la ampolla de forma que si cae sobre ella la rompe y se escapa el veneno con lo que el gato moriría. El martillo está conectado a un mecanismo detector de partículas *alfa*; si llega una partícula *alfa* el martillo cae rompiendo la ampolla con lo que el gato muere, por el contrario, si no llega no ocurre nada y el gato continua vivo.

Cuando todo el dispositivo está preparado, se realiza el experimento. Al lado del detector se sitúa un átomo radiactivo con unas determinadas características: tiene un 50% de probabilidades de emitir una partícula *alfa* en una hora. Evidentemente, al cabo de una hora habrá ocurrido uno de los dos sucesos posibles: el átomo ha emitido una partícula *alfa* o no la ha emitido (la probabilidad de que ocurra una cosa o la otra es la misma). Como resultado de la interacción, en el interior de la caja, el gato está vivo o está muerto. Pero no podemos saberlo si no la abrimos para comprobarlo.

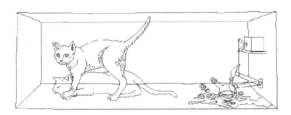

Cuadro 1.3.1.: El gato de Schrödinger y la superposición cuántica, reproducido de http://labquimica.wordpress.com/2008/01/11/el-gato-de-schrodinger/

Si lo que ocurre en el interior de la caja lo intentamos describir aplicando las leyes de la mecánica cuántica, llegamos a una conclusión muy extraña. El gato vendrá descrito por una función de onda extremadamente compleja resultado de la superposición de dos estados combinados al cincuenta por ciento: "gato vivo" y "gato muerto". Es decir, aplicando el formalismo cuántico, el gato estaría a la vez vivo y muerto; se trataría de dos estados indistinguibles.

La única forma de averiguar qué ha ocurrido con el gato es realizar una medida: abrir la caja y mirar dentro. En unos casos nos encontraremos al gato vivo y en otros casos muerto. Pero, ¿qué ha ocurrido? Al realizar la medida, el observador interactúa con el

26

sistema y lo altera, rompe la superposición de estados y el sistema se decanta por uno de sus dos estados posibles.

El sentido común nos indica que el gato no puede estar vivo y muerto a la vez. Pero la mecánica cuántica dice que mientras nadie mire en el interior de la caja el gato se encuentra en una superposición de los dos estados: vivo y muerto.

Esta superposición de estados es una consecuencia de la naturaleza de la materia y su aplicación a la descripción mecánico cuántica de los sistemas físicos, lo que permite explicar el comportamiento de las partículas elementales y de los átomos. La aplicación a sistemas macroscópicos como el gato o, incluso, si así se prefiere, cualquier profesor de física, nos llevaría a la paradoja que nos propone Schrödinger.

1.4. Principio de incertidumbre de Heisenberg

Tal vez el principio de incertidumbre sea el resultado más conocido de la mecánica cuántica y también el que más interés filosófico ha concitado dentro y fuera de la comunidad científica.

Comenzamos definiendo el *conmutador [A,B]* y *anticonmutador {A,B}* entre dos operadores A y B

$$[A,B] \equiv AB - BA \quad ; \{A,B\} \equiv AB + BA \tag{1.4.1}$$

Si *[A,B]=0* entonces A conmuta con B, si *{A,B}=0* entonces A anti-conmuta con B.

Supongamos que A y B sean dos operadores hermíticos y $|\Psi\rangle$ un estado cuántico. Supongamos que $\langle\Psi|AB|B\Psi\rangle = x + iy$ $(x, y \in R)$. Se verifica que $\langle\Psi|[A,B]|\Psi\rangle = 2iy$ y que $\langle\Psi|\{A,B\}|\Psi\rangle = 2x$. Esto implica que

$$|\langle\Psi|[A,B]|\Psi\rangle|^2 + |\langle\Psi|\{A,B\}|\Psi\rangle|^2 = 4|\langle\Psi|AB|\Psi\rangle|^2 \tag{1.4.2}$$

27

Por la desigualdad de Cauchy-Schwarz

$$|\langle \Psi|AB|\Psi\rangle|^2 \le \langle \Psi|A^2|\Psi\rangle\langle \Psi|B^2|\Psi\rangle \qquad (1.4.3)$$

expresión que combinada con (1.4.2) y eliminando términos negativos da

$$|\langle \Psi|[A,B]|\Psi\rangle|^2 \le 4\langle \Psi|A^2|\Psi\rangle\langle \Psi|B^2|\Psi\rangle \qquad (1.4.4)$$

Suponiendo que C y D son dos observables. Substituyendo A=C-<C> y B=D-<D> en la última ecuación, se obtiene el principio de incertidumbre de Heisenberg tal como se lo suele formular

$$\Delta(C)\Delta(D) \ge \frac{|\langle \Psi|[C,D]|\Psi\rangle|}{2} \qquad (1.4.5)$$

Tal como se ha señalado oportunamente los $\Delta(\ )$ representan las desviaciones estándar de las dos observables. Normalmente se interpreta erróneamente al principio enunciando que al aumentar la precisión de la medida C el sistema se "perturba" y disminuye la precisión de la otra medida D. A pesar que es cierto que las mediciones en mecánica cuántica afectan a los sistemas observados, esa no es la interpretación correcta de este principio.

La interpretación correcta de este principio es que si se prepara una serie de sistemas cuánticos idénticos y se procede a medir en parte de ellos la observable C y en el resto la observable D, entonces el producto de las desviaciones estándar registradas cumplirá con la inecuación (1.4.5) y por ende ninguna puede tener precisión infinita ($\Delta(X)=0$) o sea ser de certeza absoluta. Si esto fuese posible, las observaciones serían causales y no casuales.

28

Por ejemplo, considerando las observables X e Y (de Pauli) cuando se aplican a un qubit en estado $|0\rangle$, sabiendo que el conmutador [X,Y]=2iZ, el principio de incertidumbre afirma que

$$\Delta(X)\Delta(Y) \geq \langle 0|Z|0\rangle = 1 \qquad (5.4.6)$$

con la consecuencia inmediata que ambos desvíos estándar son estrictamente positivos y no pueden ser nulos.

En 1930, Einstein demostró que el principio de incertidumbre (donde se afirma la imposibilidad de reducir el error en la posición sin incrementar el error en el momento) implicaba también la imposibilidad de reducir el error en la medición de energía sin acrecentar la incertidumbre del tiempo durante el cual se toma la medida. Él creyó poder utilizar esta tesis como trampolín para refutar el principio de incertidumbre, pero Bohr procedió a demostrar que la refutación tentativa de Einstein era errónea.

A decir verdad, la versión de la incertidumbre, según Einstein, resultó ser muy útil, pues significó que en un proceso subatómico se podía violar durante breves lapsos la ley sobre conservación de energía siempre y cuando se hiciese volver todo al estado de conservación cuando concluyesen esos períodos: cuanto mayor sea la desviación de la conservación, tanto más breves serán los intervalos de tiempo tolerables. Yukawa aprovechó esta noción para elaborar su teoría de los piones. Incluso posibilitó la elucidación de ciertos fenómenos subatómicos presuponiendo que las partículas nacían de la nada como un reto a la energía de conservación, pero se extinguían antes del tiempo asignado a su detección, por lo cual eran sólo "partículas virtuales". Hacia fines de la década 1940-1950, tres hombres elaboraron la teoría sobre esas partículas virtuales: fueron los físicos norteamericanos Julian Schwinger y Richard Phillips Feynman y el físico japonés Sinitiro Tomonaga. Para recompensar ese trabajo, se les concedió a los tres el premio Nobel de Física en 1961.

A partir de 1976 se han producido especulaciones acerca de que el Universo comenzó con una pequeña pero muy masiva partícula virtual que se expandió con extrema rapidez y que aún sigue existiendo (*big-bang*). Según este punto de vista, el Universo se formó de la nada y podemos preguntarnos acerca de la posibilidad de que haya un número enorme de Universos que se formen (y llegado el momento acaben) en un volumen prácticamente infinito.

El "principio de incertidumbre" afectó profundamente al pensamiento de los físicos y los filósofos. Ejerció una influencia directa sobre la cuestión filosófica de "casualidad" (es decir, la relación de causa y efecto). Pero sus implicaciones para la ciencia no son las que se suponen por lo común. Se lee a menudo que el principio de incertidumbre anula toda certeza acerca de la naturaleza y muestra que, al fin y al cabo, la ciencia no sabe ni sabrá nunca hacia dónde se dirige, que el conocimiento científico está a merced de los caprichos imprevisibles de un Universo donde el efecto no sigue necesariamente a la causa. Tanto si esta interpretación es válida desde el ángulo visual filosófico como si no, el principio de incertidumbre no ha conmovido la actitud del científico ante la investigación. Si, por ejemplo, no se puede predecir con certeza el comportamiento de las moléculas individuales en un gas, también es cierto que las moléculas suelen acatar ciertas leyes, y su conducta es previsible sobre una base estadística, tal como las compañías aseguradoras calculan con índices de mortalidad fiables, aunque sea imposible predecir cuándo morirá un individuo determinado.

Ciertamente, en muchas observaciones científicas, la incertidumbre es tan insignificante comparada con la escala correspondiente de medidas, que se la puede descartar para todos los propósitos prácticos. Uno puede determinar simultáneamente (con precisión ilimitada) la posición y el movimiento de una estrella, o un planeta, o una bola de billar, e incluso un grano de arena con exactitud absolutamente satisfactoria.

Respecto a la incertidumbre entre las propias partículas subatómicas, cabe decir que no representa un obstáculo, sino una verdadera ayuda para los físicos. Se la ha empleado para esclarecer hechos sobre la radiactividad, sobre la absorción de partículas subatómicas por los núcleos, así como otros muchos acontecimientos subatómicos, con mucha más racionabilidad de lo que hubiera sido posible sin el principio de incertidumbre.

comentario

> *El principio de incertidumbre significa que el Universo es más complejo de lo que se suponía, pero no irracional.*

1.5. El operador de densidad

Hasta aquí se analizó la mecánica derivada del lenguaje de los vectores de estado. Es posible una formulación alternativa con una herramienta conocida como *operador de densidad* o *matriz de densidad*.

El lenguaje del *operador de densidad* brinda un medio conveniente para describir sistemas cuánticos cuyo estado no es totalmente conocido. Mas precisamente, supongamos que un sistema cuántico se encuentra en uno de entre un conjunto de estados $|\Psi_i\rangle$, donde i es un índice y donde las probabilidades respectivas son p_i (y vale $\sum p_i = 1$). Definimos como **ensamble de estados puros** al conjunto $\{p_i, |\Psi_i\rangle\}$. Entonces se define como **operador de densidad** a

$$\rho \equiv \sum_i p_i |\Psi_i\rangle\langle\Psi_i| \qquad (1.5.1)$$

Este operador es conocido también como *matriz de densidad*. Se pueden reformular todos los principios de la mecánica cuántica en función del mismo. Supongamos que la evolución de un sistema cuántico cerrado es descripta por un operador unitario U. Si el sistema se hallaba inicialmente en el estado $|\Psi_i\rangle$ con probabilidad p_i entonces después de la evolución el sistema se hallará en el estado $U|\Psi_i\rangle$ con igual probabilidad p_i. Por lo tanto la evolución del operador de densidad puede describirse por

$$\rho = \sum_i p_i |\Psi_i\rangle\langle\Psi_i| \xrightarrow{U} \sum_i p_i U|\Psi_i\rangle\langle\Psi_i|U^+ = U\rho U^+ \qquad (1.5.2)$$

Las medidas también pueden ser fácilmente descriptas. Supongamos que se realiza una medida descripta por operadores de medición M_m. Si el estado inicial era el i-ésimo, entonces la probabilidad de obtener el resultado m es la probabilidad condicional

$$p(m|i) = \langle\Psi_i|M_m^+ M_m|\Psi_i\rangle = tr(M_m^+ M_m|\Psi_i\rangle\langle\Psi_i|) \qquad (1.5.3)$$

Aplicando la ley de probabilidades totales se obtiene la probabilidad absoluta de obtener el resultado m

$$p(m) = \sum_i p(m|i)p_i = tr(M_m^+ M_m \rho) \qquad (1.5.4)$$

Y el estado residual después de la medición es

$$|\Psi_i^m\rangle = \frac{M_m|\Psi_i\rangle}{\sqrt{\langle\Psi_i|M_m^+ M_m|\Psi_i\rangle}} \qquad (1.5.5)$$

Por lo tanto después de la medición que genera el resultado m tenemos un ensamble de estados $|\Psi_i^m\rangle$ con respectivas probabilidades $p(i|m)$. El operador de densidad respectivo (ρ_m) será

$$\rho_m = \sum_i p(i \mid m) \left| \Psi_i^m \right\rangle \left\langle \Psi_i^m \right| = \sum_i p(i \mid m) \frac{M_m \left| \Psi_i \right\rangle \left\langle \Psi_i \right| M_m^+}{\left\langle \Psi_i \left| M_m^+ M_m \right| \Psi_i \right\rangle} \tag{1.5.6}$$

como resulta que $p(i|m) = p(m,i) / p(m) = p(m|i)p_i / p(m)$ se obtiene

$$\rho_m = \sum_i p_i \frac{M_m \left| \Psi_i \right\rangle \left\langle \Psi_i \right| M_m^+}{tr(M_m^+ M_m \rho)} = \frac{M_m \rho M_m^+}{tr(M_m^+ M_m \rho)} \tag{1.5.7}$$

Se define como **estado puro** al ensamble formado por un único estado, en ese caso $\rho = |\Psi\rangle\langle\Psi|$. En caso contrario ρ es un **estado mixto**, o sea un ensamble de estados puros. Un criterio simple para saber si se está frente a un estado puro o mixto es el siguiente, un estado puro satisface $tr(\rho^2) = 1$ en cambio para un estado mixto se verifica $tr(\rho^2) < 1$.

Supongamos que a partir de un ensamble $\{p_{ij}, |\Psi_{ij}\rangle\}$ se prepara un sistema cuántico tal que se encuentre en el estado ρ_i con probabilidad p_i, entonces la matriz de densidad resulta

$$\rho = \sum_{ij} p_i p_{ij} \left| \Psi_{ij} \right\rangle \left\langle \Psi_{ij} \right| = \sum_i p_i \rho_i \tag{1.5.8}$$

Un operador ρ es el operador de densidad de un ensamble $\{p_i, |\Psi_i\rangle\}$ sii se satisfacen estas dos condiciones

$$
\begin{array}{ll}
(\textit{traza unitaria}) & tr(\rho) = \sum_i p_i tr(|\Psi_i\rangle\langle\Psi_i|) = \sum_i p_i \\
(\textit{definida positiva}) & \forall |\varphi\rangle \in H^n \Rightarrow \langle\varphi|\rho|\varphi\rangle = \sum_i p_i \, |\langle\varphi|\Psi_i\rangle|^2 \geq 0
\end{array} \tag{1.5.9}
$$

si se cumplen las condiciones, dado que ρ es positivo, posee una descomposición espectral

$$\rho = \sum_j \lambda_j \left| j \right\rangle \left\langle j \right| \tag{1.5.10}$$

donde λ_j son los autovalores (reales y no negativos) y $|j\rangle$ los autovectores de ρ.

LOS POSTULADOS DE LA MECÁNICA CUÁNTICA EN BASE
A LOS OPERADORES DE DENSIDAD

POSTULADO 1: *A cada sistema físico aislado se le asocia un espacio vectorial complejo con producto interno (un espacio de Hilbert) conocido como el **espacio de estados** del sistema. El sistema se describe completamente con un operador positivo de traza unitaria denominado **operador de densidad** (o matriz de densidad ρ). Si un sistema cuántico está en el estado ρ_i con probabilidad p_i, entonces el operador de densidad del sistema será $\rho = \sum_i p_i \rho_i$*

POSTULADO 2: *La evolución de un sistema cuántico cerrado ρ se describe por una **transformación unitaria**. O sea, el estado ρ del sistema al tiempo t_1 está vinculado al estado ρ' del sistema en el tiempo t_2 por un **operador unitario** U que sólo depende de los tiempos t_1 y t_2 según la ecuación $\rho' = U\rho U^+$*

POSTULADO 3: *Las mediciones cuánticas son descriptas por un conjunto $\{M_m\}$ de **operadores de medición**. El índice m se refiere a los resultados de esa medición. Si inmediatamente antes de una medición el estado del sistema cuántico es ρ, entonces la probabilidad que ocurra el resultado m es $p(m) = tr(M_m^+ M_m \rho)$. Los operadores de medición satisfacen la condición de completamiento $\sum_m M_m^+ M_m = I$ y el estado residual del sistema una vez medido m será $\dfrac{M_m \rho M_m^+}{tr(M_m^+ M_m \rho)}$*

POSTULADO 4: *El espacio de estados de un sistema físico compuesto es el producto tensorial del espacio de estados de los sistemas físicos componentes. Si se tienen n sistemas, el operador de densidad conjunto será $\rho = \rho_1 \otimes \rho_2 \otimes \ldots \otimes \rho_n$*

Operadores de densidad reducidos y trazas parciales

Para la medición de subsistemas de un sistema compuesto, la única forma de describir correctamente las observables es a través de las siguientes definiciones. Supongamos que se dispone de dos sistemas físicos A y B, cuyos estados es descripto por un operador de densidad ρ^{AB}. Se define como *operador de densidad reducido* para el sistema A a

$$\rho^A \equiv tr_B(\rho^{AB}) \qquad (1.5.11)$$

34

donde tr_B es un mapa de operadores conocido como la ***traza parcial*** sobre el sistema B y se define como

$$tr_B(|a_1\rangle\langle a_2| \otimes |b_1\rangle\langle b_2|) \equiv |a_1\rangle\langle a_2| tr(|b_1\rangle\langle b_2|) = |a_1\rangle\langle a_2|\langle b_1|b_2\rangle \qquad (1.5.12)$$

donde $|a_1\rangle, |a_2\rangle$ son dos vectores arbitrarios del espacio de estados de A y $|b_1\rangle, |b_2\rangle$ dos vectores arbitrarios del espacio de estados de B. Por ejemplo si un sistema cuántico se encuentra en el estado producto $\rho^{AB} = \rho \otimes \sigma$ donde ρ es el operador de densidad del sistema A y σ el correspondiente al sistema B, entonces

$$\rho^A = tr_B(\rho \otimes \sigma) = \rho\, tr(\sigma) = \rho \qquad (1.5.13)$$

lo cual es intuitivo. De la misma forma $\rho^B = \sigma$ para ese estado. De este ejemplo deducimos que el operador de densidad reducido de un sistema compuesto es un estado puro. Un segundo ejemplo lo forma el (ya visto) estado de Bell $(|00\rangle + |11\rangle)/\sqrt{2}$. En este caso, el operador de densidad será

$$
\begin{aligned}
\rho &= (\frac{|00\rangle + |11\rangle}{\sqrt{2}})(\frac{\langle 00| + \langle 11|}{\sqrt{2}}) = \\
&= \frac{|00\rangle\langle 00| + |11\rangle\langle 00| + |00\rangle\langle 11| + |11\rangle\langle 11|}{2}
\end{aligned}
\qquad (1.5.14)
$$

Buscando el operador de densidad parcial para el primer qubit, resulta

$$
\begin{aligned}
\rho^1 &= tr_2(\rho) = \\
&= \frac{tr_2(|00\rangle\langle 00|) + tr_2(|11\rangle\langle 00|) + tr_2(|00\rangle\langle 11|) + tr_2(|11\rangle\langle 11|)}{2} = \\
&= \frac{|0\rangle\langle 0|\langle 0|0\rangle + |1\rangle\langle 0|\langle 0|1\rangle + |0\rangle\langle 1|\langle 1|0\rangle + |1\rangle\langle 1|\langle 1|1\rangle}{2} = \\
&= \frac{|0\rangle\langle 0| + |1\rangle\langle 1|}{2} = \frac{I}{2} = \begin{pmatrix} \frac{1}{2} & 0 \\ 0 & \frac{1}{2} \end{pmatrix}
\end{aligned}
\qquad (1.5.15)
$$

Notamos que el par de Bell es un estado mixto, ya que $tr((\sqrt{2}/2\,)^2) = \frac{1}{2} < 1$.

comentario

> *Este último resultado es notable. Es curioso que en este par **entramado** el estado mixto está perfectamente determinado y por ende es un estado puro, en cambio el primer qubit (y el segundo!) está en estado mixto, es decir un estado del cual no*

conjetura

> *La mecánica cuántica ofrece visiones singulares de la realidad y esta es una de ellas. Algo que es inconcebible desde el punto de vista clásico aquí resulta normal. Esto nos permite formular lo siguiente:*
>
> **En el mundo clásico, la complejidad surge de la superestructura** *(ya sea holística o reduccionista)* **de componentes simples. En el mundo cuántico, la combinación de estados complejos puede resultar en una superestructura simple.**
>
> *Después analizaremos este fenómeno desde el punto de vista entrópico. Esta es una notable diferencia entre el **universo intermedio** (el reino de la mecánica clásica) y el **micro y macrocosmos** (la física de las partículas subatómicas y la cosmología)*

Descomposición de Schmidt y purificaciones

Los operadores de densidad reducidos y las trazas parciales son la base de una amplia variedad de herramientas útiles para el estudio de los sistemas cuánticos compuestos. Dos de esas herramientas son la *descomposición de Schmidt* y las *purificaciones*. Discutiremos brevemente ambas.

Supongamos que $|\Psi\rangle$ es el estado puro de un sistema compuesto AB. Entonces existen estados ortonormales $|i_A\rangle$ para el sistema A y estados ortonormales $|i_B\rangle$ para el sistema B tales que

$$|\Psi\rangle = \sum_i \lambda_i |i_A\rangle \otimes |i_B\rangle \qquad (1.5.16)$$

36

donde λ_i son números reales no negativos (conocidos como coeficientes de Schmidt) tales que satisfacen $\sum_i \lambda_i^2 = 1$. Este resultado es muy útil, por ejemplo para el sistema descripto se deduce que

$$\rho^A = \sum_i \lambda_i^2 |i_A\rangle\langle i_A| \quad , \rho^B = \sum_i \lambda_i^2 |i_B\rangle\langle i_B| \qquad (1.5.17)$$

o sea que los autovalores de ambos operadores de densidad reducidos son iguales. Si se aplica a un sistema simple como este estado de dos qubits

$$|\Psi\rangle = \frac{|00\rangle + |01\rangle + |11\rangle}{\sqrt{3}} \qquad (1.5.18)$$

Este sistema no es simétrico, pero si se calculan las reducidas se obtiene resultados coincidentes

$$tr((\rho^A)^2) = tr((\rho^B)^2) = \tfrac{7}{9} \qquad (1.5.19)$$

Una segunda técnica de interés es la **_purificación_**. Suponiendo que ρ^A es un estado del sistema cuántico A. Es posible introducir otro sistema que llamaremos R, y definir un *estado puro* para el sistema compuesto $|AR\rangle$ tal que $\rho^A = tr_R(|AR\rangle\langle AR|)$. Esto es que el *estado puro* $|AR\rangle$ se reduce a ρ^A cuando miramos solamente al sistema A. R es un sistema ficticio, solo de interpretación matemática y se lo conoce como sistema de referencia. Como ejemplo supongamos que ρ^A posee descomposición ortonormal $\rho^A = \sum_i p_i |i^A\rangle\langle i^A|$. Para purificar ρ^A introducimos un sistema de referencia R que tiene el mismo estado de espacios de A, con bases ortonormales $|i^R\rangle$ y definimos un estado puro para el sistema combinado

$$|AR\rangle \equiv \sum_i \sqrt{p_i} |i^A\rangle \otimes |i^R\rangle \qquad (1.5.20)$$

Calculando el operador de densidad reducido. Verificamos que $|AR\rangle$ es una purificación de ρ^A

$$tr_R(|AR\rangle\langle AR|) = \sum_{ij} \sqrt{p_i p_j} |i^A\rangle\langle j^A| tr(|i^R\rangle\langle j^R|) =$$
$$= \sum_{ij} \sqrt{p_i p_j} |i^A\rangle\langle j^A| \delta_{ij} = \sum_i p_i |i^A\rangle\langle i^A| = \rho^A \qquad (1.5.21)$$

Nótese la relación cercana entre la descomposición de Schmidt y el proceso de purificación: el método usado para purificar un estado mixto del sistema A es el de definir un estado puro cuya base de Schmidt para A es justo la base en la cual el estado mixto es diagonal y en el cual los coeficientes de Schmidt son las raíces cuadradas de los autovalores del operador de densidad purificado.

comentario

Las observaciones cuánticas son complejas si las comparamos con las clásicas. Más allá del azar y la indeterminación esencial de los estados cuánticos, los estados mixtos ofrecen dificultades adicionales al observador. Gran parte de las herramientas desarrolladas para cómputo de los vectores de estado están orientadas a la ortonormalización, descomposición espectral, diagonalización, descomposición de Schmidt y purificación que separan linealmente los efectos superpuestos. **Descomponer un sistema complejo en componentes independientes es la base del método analítico en las ciencias experimentales y el fundamento final del reduccionismo. Desde el punto de vista heurístico, responde al principio de dividir para conquistar.** *En este aspecto, lo que aquí se describe para la mecánica cuántica vale también para el análisis de varianza en estadística inferencial o la búsqueda de componentes principales en taxonomía numérica.*

1.6. EPR, la desigualdad de Bell y la violación del realismo local

aporte

> *A lo largo de estos apartados hemos enfocado las herramientas de la mecánica cuántica y sus características para la descripción de los sistemas de nuestro universo. Cuando se pretende estudiar el fenómeno de la complejidad en biología, surge la pregunta de cuáles serán las características peculiares de la mecánica cuántica que las distinguen tan notablemente de las descripciones clásicas. La pregunta es ¿Cuál es exactamente la diferencia entre la mecánica cuántica y el mundo clásico? El poder entender esta diferencia es vital para conocer si las descripciones de complejidad en ciencias experimentales son posibles o no desde el punto de vista estrictamente clásico. ¿Se puede describir clásicamente la complejidad de una célula biológica? En este apartado analizaremos una discusión sobre una diferencia esencial entre la mecánica cuántica y la clásica.*

Cuando hablamos de un objeto como una persona o un libro, asumimos que las propiedades físicas de ese objeto poseen una existencia independiente de la observación o nó de dicho ente. Esto es que la medición simplemente revela dichas propiedades físicas. Por ejemplo, para una pelota de tenis posee como propiedad intrínseca su *posición*, la que habitualmente medimos por la reflexión de luz que se genera en su superficie. Este punto de vista cambió radicalmente en los años *1920-1930*, surgiendo un nuevo paradigma que indica que los sistemas no observados son indeterminados (ver gato de Schrödinger). O sea, cuánticamente, una pelota de tenis no posee posición, la adquiere cuando es observada. Por ejemplo, de acuerdo a la mecánica cuántica un qubit no posee propiedades definidas de spin en el eje z (σ_z) o spin en el eje x (σ_x), cada uno de los cuales puede ser revelado por una medición adecuada. Sólo nos brinda las probabilidades a priori de los posibles resultados.

Muchos físicos objetaron esta nueva visión de la naturaleza. El objetor más prominente fue Albert Einstein. En su famoso trabajo del año 1935 y conocido como el '**EPR** *paper*', junto a Nathan Rosen y Boris Podolsky llevando como título las iniciales de los autores, propuso un experimento que pensaba podría demostrar que la mecánica cuántica no era una teoría completa de la naturaleza.

La esencia del argumento EPR es la siguiente. EPR estaban interesados en lo que denominaban *'elementos de la realidad'*. Su convicción era que cualquiera de esos *elementos* debía estar presente en cualquier teoría física completa. La meta EPR era demostrar que la mecánica cuántica carecía de algunos *elementos de la realidad* y por ende que era incompleta. La vía perseguida era la introducción de una *propiedad suficiente* de una observable para ser catalogada como *elemento de la realidad*, y esa propiedad era la capacidad de predecir con certeza el valor que esa observable tendrá a futuro pero un instante antes de ser medido.

Considerando por ejemplo un par entramado de qubits (*anti*-correlacionados en este caso)

$$\frac{|01\rangle - \langle 10|}{\sqrt{2}} \tag{1.6.1}$$

el que se separa en sus dos componentes y los qubits se ponen en manos de dos observadores (A y B) muy separados en el espacio y en el tiempo. Supongamos que A realiza sobre su qubit una medida de *spin* a lo largo del eje $\vec{v}$, es decir A mide la observable $\vec{v} \cdot \vec{\sigma}$ y que obtiene el resultado +1. Entonces, un simple cálculo mecánico-cuántico permite **predecir con certeza** que B medirá -1 cuando realice una medida equivalente. Ya que A puede predecir infaliblemente el resultado de la medida de B, la medición de *spin* a lo largo del eje $\vec{v}$ se convierte en un *elemento de la realidad* acorde al criterio EPR y participar en toda teoría física completa. Sin embargo la mecánica cuántica tal como se presenta en este trabajo se limita a calcular las probabilidades de los respectivos resultados (+1, -1) cuando se mida $\vec{v} \cdot \vec{\sigma}$. La mecánica cuántica no incluye ningún elemento fundamental destinado a representar el valor $\vec{v} \cdot \vec{\sigma}$ para todo vector unitario $\vec{v}$.

La meta de EPR era demostrar que la mecánica cuántica era incompleta demostrando que le faltaba algún esencial *elemento de la realidad*. EPR deseaba forzar un regreso a una visión más clásica del mundo, una en la cual las propiedades de un sistema

40

existan independientemente de su medición. Desafortunadamente para EPR, la mayoría de los físicos discrepa con el razonamiento antes expuesto. El intento de *imponer a la naturaleza* propiedades que debe cumplir parece ser un modo peculiar de estudiar sus leyes.

De hecho la naturaleza tuvo la última palabra en esta *controversia* o *paradoja EPR*. Treinta años más tarde de la publicación EPR se realizó un *test* experimental para verificar la existencia del camino de retorno a la intuición propugnado por EPR frente a la mecánica cuántica. La naturaleza invalidó experimentalmente la meta EPR y brindó sustento a la mecánica cuántica. La clave de esta invalidación experimental es un resultado conocido como la *desigualdad de Bell*. Para describir este experimento, veamos primero la visión clásica del mismo y luego la cuántica de un experimento similar.

VISIÓN CLÁSICA: Un investigador independiente C prepara dos partículas y distribuye una a cada uno de dos observadores A y B. A efectúa mediciones sobre dos propiedades físicas P_Q y P_R respectivamente y cuyos resultados pueden ser +1 y -1. La partícula de a posee el valor Q para la propiedad P_Q y se asume que Q es una propiedad objetiva y real que simplemente es revelada por la medición. Similarmente R es el valor de la otra propiedad y el resultado de su medición. Similarmente, B es capaz de medir una de dos propiedades (P_S y P_T), las que revelarían los valores reales S y T (también +1 o -1 cada uno). Cuando se deciden a medir ambos eligen al azar una sola propiedad cada uno. Ahora suponemos que A y B están distanciados *años luz* y realizan simultáneamente sus mediciones (en lenguaje de relatividad de forma *causalmente* desconectada) de manera que el resultado obtenido por A no puede afectar al resultado de la medición de B, ya que *las influencias físicas no se pueden propagar a mayor velocidad que la luz en el vacío* ($c \approx 299792458 \ ms^{-1}$). Aplicando álgebra elemental a los cuatro casos de mediciones mutuamente excluyentes entre sí (QS, RS, RT, QT). Si generamos la *función suma* QS + RS + RT − QT = (Q + R)S + (R − Q)T y dados que R, Q valen ±1, o bien (Q+R) o (R-Q) valen 0, con lo cual el

41

resultado de la *función suma* será ±2. Sea *p(q, r, s, t)* la probabilidad a priori que el sistema se encuentre en el estado $Q=q$, $R=r$, $S=s$, $T=t$. Estas probabilidades dependerán de cómo C haya preparado las partículas y del ruido experimental. Calculando la esperanza matemática de la función suma (o sea su valor medio) resulta

$$E(QS + RS + RT - QT) = \sum_{qrst} p(q,r,s,t)(qs + rs + rt - qt) \le \sum_{qrst} p(q,r,s,t) = 2$$

$$E(QS) + E(RS) + E(RT) - E(QT) \le 2$$

(1.6.2)

Esta última ecuación se conoce como la **desigualdad de Bell** o **desigualdad CHSH** por las iniciales de sus cuatro descubridores. Repitiendo el experimento muchas veces, A y B pueden determinar cada valor de la parte izquierda de (1.6.2). Por ejemplo, después de efectuar cada experimento se comunican los resultados y juntos promedian los valores de los productos de los resultados (+1 o -1) de la propiedad elegida por cada uno.

VISION CUANTICA: El investigador C prepara un sistema cuántico de dos qubits *entramados*

$$|\Psi\rangle = \frac{|01\rangle - \langle 10|}{\sqrt{2}}$$

(1.6.3)

y le pasa sendos qubits a A y B. Ellos realizan mediciones de las siguientes observables, usando operadores de Pauli (el subíndice indica el qubit sobre el cual opera la matriz de Pauli)

$$Q = Z_1 \qquad S = \frac{-Z_2 - X_2}{\sqrt{2}}$$

$$R = X_1 \qquad T = \frac{Z_2 - X_2}{\sqrt{2}}$$

(1.6.4)

los cálculos directos muestran que los promedios son

$$\langle QS \rangle = \frac{2}{\sqrt{2}} \quad \langle RS \rangle = \frac{2}{\sqrt{2}} \quad \langle RT \rangle = \frac{2}{\sqrt{2}} \quad \langle QT \rangle = -\frac{2}{\sqrt{2}} \qquad (1.6.5)$$

por lo cual

$$\langle QS \rangle + \langle RS \rangle + \langle RT \rangle - \langle QT \rangle = 2\sqrt{2} \qquad (1.6.6)$$

La comparación entre (1.6.2) y (1.6.6) muestra una contradicción que se debe resolver experimentalmente. Los experimentos ópticos confirmaron la predicción cuántica en detrimento de la clásica. *La naturaleza no obedece la desigualdad de Bell*. Qué significa esto? Que una o más premisas empleadas en la deducción de (1.6.2) debe ser incorrecta. Hay dos fundamentos implícitos en (1.6.2) que parecen dudosos

   (1) Premisa de REALISMO. Esta premisa indica que las propiedades P_Q, P_R, P_S, P_T poseen valores definidos Q, R, S, T en forma independiente de su observación.

   (2) Premisa de LOCALIDAD. Esta premisa indica que la medición de A no afecta la medición de B.

Ambas presunciones combinadas se conocen como el *modelo de REALISMO LOCAL*. Estos son supuestos absolutamente intuitivos y razonables de cómo funciona nuestro universo y caben bien en nuestra experiencia cotidiana. Sin embargo la falla de la desigualdad de Bell nos muestra que al menos una de ellas es incorrecta

comentario

*¿Qué enseñanza nos deja la falla de la desigualdad de Bell? Para los físicos la lección más importante es que sus convicciones más íntimas y plausibles acerca de cómo funciona el universo están equivocadas. La mayoría de los físicos tomaron la postura de eliminar la premisa del **realismo** de la mecánica cuántica, aunque otros se deciden por rechazar la premisa de **localidad**. Mas allá de esta discusión, queda claro que una o ambas deben ser descartadas si se quiere desarrollar una buena comprensión intuitiva de la mecánica cuántica. Todavía la mecánica clásica se mantiene en armonía con la visión más intuitiva del mundo, pero recordemos que la visión clásica es sólo un promedio macroscópico de una realidad mucho mas compleja en sus elementos más esenciales.*

"La computación mecánico-cuántica de una sola molécula de metano requiere una grilla de aproximadamente 10^{42} nodos. Asumiendo que en cada nodo hay que efectuar sólo 10 operaciones elementales, y que el cómputo se realiza a la temperatura extremadamente baja de $3x10^{-3}$ °K, se debería consumir aún toda la energía que se produce en la tierra durante un siglo"

- R .P. Poplavsky (1975), citado en NIELSEN, 2002

1.7. Computación cuántica (QC)

(*QC: Quantum Computing*) Prácticamente hablando, muchos problemas de las ciencias exactas y naturales son imposibles de resolver en computadoras tradicionales, no porque sean esencialmente irresolubles sino por los recursos astronómicos requeridos para resolverlos. *La promesa espectacular de las computadoras cuánticas consiste en el desarrollo de un conjunto de nuevos algoritmos que vuelven realizables problemas que requieren recursos exorbitantes para su resolución en computadoras tradicionales.* Hoy día se conocen dos clases de algoritmos cuánticos que cumplen esta promesa. La primera está basada en la *transformada de Fourier cuántica* de Shor, y abarca notables algoritmos para factorizar y para hallar logaritmos discretos que son exponencialmente más rápidos que los mejores conocidos para computadoras tradicionales. La segunda clase está basada en el algoritmo de *búsqueda cuántica* de Grover. Estos proveen una aceleración notable de orden cuadrático sobre los mejores algoritmos tradicionales.

44

Este último método posee una importancia particular por el amplio empleo de métodos de búsqueda en una amplia gama de problemas. En la siguiente figura se presenta el estado actual de las familias de algoritmos cuánticos conocidos

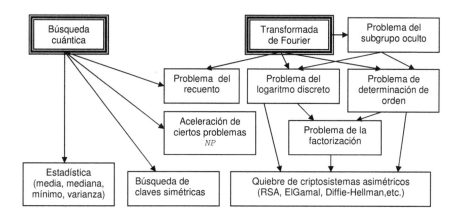

Tabla 1.7.1: Principales algoritmos cuánticos conocidos y sus aplicaciones, adaptado de diversas fuentes bibliográficas.

El campo de aplicación de la Transformada de Fourier cuántica es invalorable desde el punto de vista teórico como también económico. El problema del logaritmo discreto junto con el problema de determinación del orden de un grupo multiplicativo como el que se presenta en la exponenciación modular. Ambas técnicas permiten resolver el importante problema de la factorización, base de muchos criptosistemas de clave pública como el algoritmo RSA (Rivest-Shamir-Adleman) fundamento de la seguridad en el protocolo SSL de redes TCP/IP (Internet), las redes privadas virtuales (VPN), la firma digital y los certificados digitales del *e-commerce* y muchos otros campos de enorme interés concreto en el campo de la seguridad informática. El problema del logaritmo discreto permite quebrar criptosistemas vinculados a grupos multiplicativos algebraicos como el de curvas elípticas y campos de Galois. A su vez el algoritmo de búsqueda cuántica permite resolver problemas estadísticos en vastas bases de datos y quebrar criptosistemas simétricos por exploración exhaustiva del espacio de claves.

Una pregunta que surge es ¿porqué se han desarrollado tan pocos algoritmos cuánticos que son notablemente superiores a sus contrapartes clásicas? La respuesta es que encontrar un buen algoritmo cuántico parece ser un problema complejo. Hay al menos dos razones para esto, por un lado el diseño de algoritmos casi-óptimos es complejo aún para problemas aparentemente simples como la multiplicación de dos números y buscar buenos algoritmos cuánticos impone la restricción adicional de tener que *superar* a los algoritmos clásicos. El otro motivo es que nuestra intuición está mejor adaptada al mundo clásico que al mundo cuántico, y esto se discutió en el apartado anterior. Requiere una visión especial y tal vez un poco de suerte ubicar un buen algoritmo cuántico. A continuación se hará un análisis crítico de los componentes de un algoritmo cuántico para llegar a conocer sus posibilidades y limitaciones.

comentario

La computación cuántica (QC) prácticamente destruye todo lo que hoy día se emplea en criptografía aplicada. *La criptografía es la parte de la seguridad informática dedicada a la protección de la información almacenada y en tránsito y al capítulo de la autenticación remota de entidades. Sus objetivos son: 1) confidencialidad de la información, 2) control de integridad de la información, 3) autenticación fehaciente de información y de personas y 4) evitar el repudio de las autenticaciones. Todas estas son las bases de lo que, por citar un ejemplo, hoy día conocemos como comercio electrónico (e-commerce) a través de Internet. El* **impacto de la computación cuántica sobre todo lo aplicado hoy día en criptografía es absolutamente catastrófico.** *Obliga a modificar todos los esquemas de seguridad informática y no sólo se trata de cambios cualitativos (por ejemplo incrementar las dimensiones de las claves) sino que obliga a reformular cualitativamente las soluciones de reemplazo. Afortunadamente la incipiente criptografía cuántica ha encontrado la forma de reemplazar los algoritmos de confidencialidad actuales por el sistema absolutamente inmune e inviolable del one-time pad de Shannon. El método es muy simple y consiste en aplicar la suma módulo dos (XOR) bit a bit entre el texto a proteger y una clave secreta. La desencripción consiste simplemente en repetir el proceso. El algoritmo posee la propiedad del secreto perfecto (es teóricamente inviolable) y no es nuevo, sin embargo no se empleaba porque requería el intercambio de claves de uso único de igual tamaño al propio texto a encriptar. En 1984, Bennet y Brassard desarrollaron el primer algoritmo de* **intercambio de claves cuántico (QKD)** *conocido como* **BB84.** *Lo interesante de este método basado en el intercambio de fotones polarizados es que es inmune a las intrusiones o escuchas indeseadas. Hoy día ya se comercializa un sistema que implementa este intercambio de claves, de absoluta seguridad y que permite afirmar que entre la carrera milenaria de los que se dedicaron a proteger los datos (criptógrafos) y los que se dedicaron a atacarlos (criptoanalistas) han triunfado definitiva e irreversiblemente los primeros.*

conjetura

*Hemos visto que la descripción de la complejidad en biología por medios clásicos ofrece severas dificultades, muchas veces provocadas por la extensión en tiempo, memoria o espacio que requiere la mera descripción de esos sistemas. También hemos discutido que uno de los atractivos de la computación cuántica es el de reducir exponencialmente la complejidad en extensión del tratamiento clásico. **Un objetivo muy ambicioso consiste en diseñar un algoritmo cuántico que permita describir la complejidad en sistemas biológicos.** Tal vez sea difícil lograr este objetivo, ni siquiera en forma parcial. Pero el objetivo es válido y tal vez sea la única vía de llegar a capturar por medición la esencia de la complejidad en ciencias experimentales.*

Operaciones sobre qubits aislados

El desarrollo de las herramientas computacionales cuánticas comienza con las operaciones sobre los elementos más simples, los qubits. Las operaciones se describen en términos de *puertas lógicas*. Estas puertas cumplen la función equivalente a la de los operadores *booleanos unarios* como la negación *.NOT.* en la computación clásica La combinación de estas puertas lógicas permiten el desarrollo en *microcódigo* de los algoritmos cuánticos, para ser trasladados a *hardware* si se dan las condiciones suficientes.

Recordemos que un qubit es un vector $|\Psi\rangle = a|0\rangle + b|1\rangle$ en la base ortonormal $\{\vec{0},\vec{1}\}$ y caracterizada por los parámetros complejos *a, b* que satisfacen $|a|^2 + |b|^2 = 1$. Se recuerda además que cada qubit se puede representar en la *esfera de Bloch* a través del cambio de coordenadas $a = \cos(\theta/2);\ b = \exp(i\varphi)sen(\theta/2)$. Las puertas lógicas deben preservar esta norma y por ende deben ser operadores (matrices) unitarios 2x2. Denominaremos *unarios* a operadores unitarios 2x2 que poseen un único qubit de entrada y de salida. La dotación más importante de las puertas lógicas es el siguiente conjunto de seis operadores

$$puertas\ (matrices)\ de\ Pauli$$
$$X \equiv \begin{pmatrix} 0 & 1 \\ 1 & 0 \end{pmatrix};\ Y \equiv \begin{pmatrix} 0 & -i \\ i & 0 \end{pmatrix};\ Z \equiv \begin{pmatrix} 1 & 0 \\ 0 & -1 \end{pmatrix} \tag{1.7.1}$$

$$puerta\ Hadamard,\ puerta\ de\ fase\ y\ puerta\ \pi/8$$
$$H = \frac{1}{\sqrt{2}}\begin{pmatrix} 1 & 1 \\ 1 & -1 \end{pmatrix};\ S = \begin{pmatrix} 1 & 0 \\ 0 & -i \end{pmatrix};\ T = \begin{pmatrix} 1 & 0 \\ 0 & \exp(i\pi/4) \end{pmatrix} \tag{1.7.2}$$

los que no forman un conjunto ortogonal ya que se verifican (por ejemplo) las siguientes relaciones entre ellos

48

$$H = (X + Z) / \sqrt{2}; \quad S = T^2 \tag{1.7.3}$$

Las matrices de Pauli dan lugar a tres clases de matrices unitarias al ser exponenciadas

$$
\begin{aligned}
R_x(\theta) &= e^{-i\theta X / 2} = \cos\frac{\theta}{2} I - i\,sen\frac{\theta}{2} X = \begin{pmatrix} \cos\frac{\theta}{2} & -i\,sen\frac{\theta}{2} \\ -i\,sen\frac{\theta}{2} & \cos\frac{\theta}{2} \end{pmatrix} \\[2mm]
R_y(\theta) &= e^{-i\theta Y / 2} = \cos\frac{\theta}{2} I - i\,sen\frac{\theta}{2} Y = \begin{pmatrix} \cos\frac{\theta}{2} & -sen\frac{\theta}{2} \\ sen\frac{\theta}{2} & \cos\frac{\theta}{2} \end{pmatrix} \\[2mm]
R_z(\theta) &= e^{-i\theta Z / 2} = \cos\frac{\theta}{2} I - i\,sen\frac{\theta}{2} Z = \begin{pmatrix} \exp(-i\theta / 2) & 0 \\ 0 & \exp(i\theta / 2) \end{pmatrix}
\end{aligned}
\tag{1.7.4}
$$

generando los operadores de rotación alrededor de los ejes $\hat{x}, \hat{y}, \hat{z}$. La interpretación de estos operadores sobre la esfera de Bloch es que si se tiene un qubit en tres dimensiones tal que $\hat{n} = (n_x, n_y, n_z)$ y se le aplica uno de los operadores de rotación con un ángulo θ, el vector rota alrededor del eje correspondiente en θ grados. Para simplificar circuitos es conveniente recordar que

$$HXH = Z; \quad HYH = -Y; \quad HZH = X \tag{1.7.5}$$

Las propiedades básicas de los circuitos cuánticos son las siguientes: el tiempo evoluciona de izquierda a derecha, las líneas o conexiones simples representan qubits y un '/' representa un conjunto de qubits. La diagramación básica de puertas es

$$\text{HADAMARD} \quad \boxed{H} \quad \frac{1}{\sqrt{2}}\begin{pmatrix} 1 & 1 \\ 1 & -1 \end{pmatrix}$$

$$\text{PAULI-X} \quad \boxed{X} \quad \begin{pmatrix} 0 & 1 \\ 1 & 0 \end{pmatrix}$$

$$\text{PAULI-Y} \quad \boxed{Y} \quad \begin{pmatrix} 0 & -i \\ i & 0 \end{pmatrix}$$

$$\text{PAULI-Z} \quad \boxed{Z} \quad \begin{pmatrix} 1 & 0 \\ 0 & -1 \end{pmatrix}$$

$$\text{FASE} \quad \boxed{S} \quad \begin{pmatrix} 1 & 0 \\ 0 & i \end{pmatrix}$$

$$\pi/8 \quad \boxed{T} \quad \begin{pmatrix} 1 & 0 \\ 0 & \exp(i\pi/4) \end{pmatrix}$$

Figura 1.7.2: Puertas lógicas para qubits aislados

$$\text{HADAMARD} \quad \boxed{H} \quad \frac{1}{\sqrt{2}}\begin{pmatrix} 1 & 1 \\ 1 & -1 \end{pmatrix}\begin{bmatrix} \alpha \\ \beta \end{bmatrix} = \alpha\frac{|0\rangle + |1\rangle}{\sqrt{2}} + \beta\frac{|0\rangle - |1\rangle}{\sqrt{2}} \equiv \alpha|+\rangle + \beta|-\rangle$$

$$\text{PAULI-X} \quad \boxed{X} \quad \begin{pmatrix} 0 & 1 \\ 1 & 0 \end{pmatrix}\begin{bmatrix} \alpha \\ \beta \end{bmatrix} = \begin{bmatrix} \beta \\ \alpha \end{bmatrix} = \beta|0\rangle + \alpha|1\rangle$$

$$\text{PAULI-Z} \quad \boxed{Z} \quad \begin{pmatrix} 1 & 0 \\ 0 & -1 \end{pmatrix}\begin{bmatrix} \alpha \\ \beta \end{bmatrix} = \begin{bmatrix} \alpha \\ -\beta \end{bmatrix} = \alpha|0\rangle - \beta|1\rangle$$

Figura 1.7.3: Operación de algunas puertas lógicas para qubits aislados, el operador H trabaja como un operador de cambio de base y equivale a una rotación de 90° sobre el eje y seguida de una rotación de 180° sobre el eje x en la esfera de Bloch.

Operaciones sobre qubits múltiples

Una de las operaciones más útiles tanto en computación clásica como cuántica es la bifurcación condicional del tipo *"Si A es cierto entonces ejecute B"*. Estas son operaciones *binarias* en el sentido que operan sobre dos qubits y por ende son matrices 4x4. El prototipo de esta clase de operadores es el CNOT, la línea superior representa al qubit de control, la inferior al qubit controlado. La operación es la siguiente, si t es el qubit target y c el qubit control, entonces $|c\rangle|t\rangle \rightarrow |c\rangle|t \oplus c\rangle$, si c es $|1\rangle$ *flipea* su estado (o sea si es 1 pasa a 0 y viceversa), caso contrario t no se modifica, Aquí mostramos el diagrama de CNOT

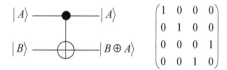

Figura 1.7.4: Puerta CNOT, la linea superior es el qubit de control, la inferior el qubit target junto a su matriz, cuya primer columna representa la transformación de $|00\rangle$, la segunda la de $|01\rangle$ y así sucesivamente

Una característica muy importante que distingue a la puerta CNOT clásica de la cuántica es que la primera permite "duplicar" bits, en cambio en la cuántica es imposible duplicar o clonar qubits (***Los estados cuánticos no pueden ser clonados***).

En general, si U es un operador arbitrario sobre qubits unitarios, se puede crear la puerta U-CONTROLADA (UC) de manera análoga a la anterior, sólo actúa U si c es $|1\rangle$

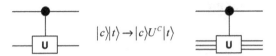

$$|c\rangle|t\rangle \rightarrow |c\rangle U^C|t\rangle$$

Figura 1.7.5: Puerta U-CONTROLADA (UC), el qubit superior es el control del operador U, a la derecha una puerta de control múltiple

El siguiente circuito cumple una función simple y útil, el intercambio de estado de dos qubits

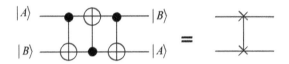

$$|A,B\rangle \rightarrow |A, A\oplus B\rangle \rightarrow |A\oplus(A\oplus B), A\oplus B\rangle = |B, A\oplus B\rangle \rightarrow |B,(A\oplus B)\oplus B\rangle = |B, A\rangle$$

Figura 1.7.6: Puerta SWAP y su esquema habitual en circuitos cuánticos.

El rol de qubit control y target pueden ser intercambiados, dependiendo de la base que se considere (por ejemplo $|+\rangle|-\rangle$ en vez de $|0\rangle,|1\rangle$). Se pueden construir circuitos equivalentes

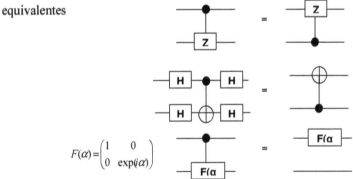

$$F(\alpha) = \begin{pmatrix} 1 & 0 \\ 0 & \exp(i\alpha) \end{pmatrix}$$

Figura 1.7.7: Equivalencias entre puertas, el tercer operador unario es el corrimiento de fase F(α). Por ejemplo, para validar este caso se ejecuta
$$|00\rangle \rightarrow |00\rangle, |01\rangle \rightarrow |01\rangle, |10\rangle \rightarrow e^{i\alpha}|10\rangle, |11\rangle \rightarrow e^{i\alpha}|11\rangle$$

Un objetivo de interés es encontrar un circuito equivalente al U-CONTROLADO (UC)basado exclusivamente en operadores unarios. Para ello, recurrimos a la siguiente equivalencia. Sea como siempre U un operador unitario sobre qubits aislados, entonces se puede demostrar que existen operadores unitarios A, B, C sobre qubits aislados, tal que $ABC=I$, $U=exp(i\alpha)AXBXC$ y α un factor de fase general y resulta

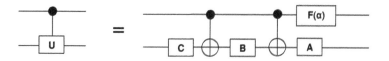

Figura 1.7.8: Equivalencia de la puerta U-CONTROLADA (UC) en función de operadores unarios.

Otra puerta de interés es la puerta de Toffoli que emplea dos qubits de control

Figura 1.7.9: Puerta Toffoli, los qubits c1 y c2 controlan al qubit t. A esta puerta se la define como C2(NOT)

En general el circuito puede tener más de dos líneas (qubits) de control, si tuviese n qubits de control operando sobre una puerta unaria U de un solo qubit, se la definiría como puerta $C^n(U)$.

síntesis

*El juego de las puertas de Hadamard (H), Fase (S), CNOT y $\pi/8$ permite construir cualquier circuito cuántico basado en cualquier operación unitaria. Cualquier circuito binario o de orden superior se puede transformar en circuito unario y estas puertas lógicas forman un **juego universal** para las operaciones unarias., es decir **construir cualquier computador cuántico imaginable***

Por ejemplo, la puerta Toffoli puede construirse con estos cuatro operadores unarios

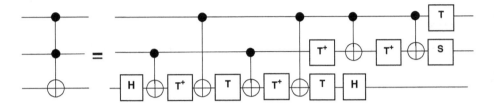

Figura 1.7.10: Descomposición secuencial de la puerta
Toffoli en operadores unarios elementales

Por último tenemos el operador o puerta de medición, que transforma un qubit en un bit clásico. En el siguiente diagrama se presenta una puerta de medición, las líneas dobles se usan para representar bits clásicos

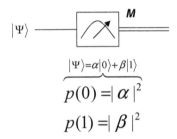

$$|\Psi\rangle = \alpha|0\rangle + \beta|1\rangle$$

$$p(0) = |\alpha|^2$$

$$p(1) = |\beta|^2$$

Figura 1.7.11: Operador de medición

Paralelismo cuántico

El paralelismo cuántico es uno de los atributos fundamentales de los algoritmos cuánticos y el principal responsable de su enorme potencial de cómputo comparado con su contraparte clásica. Heurísticamente y a riesgo de sobresimplificar, el paralelismo cuántico permite a las computadoras cuánticas evaluar una función f(x) para múltiples valores de x en forma simultánea.

Por ejemplo, sea *f(x):{1,0} →{1,0}* una función con un bit como dominio y rango. Se define una transformación U_f definida por el mapa $|x,y\rangle \rightarrow |x, y \oplus f(x)\rangle$ donde $\oplus$ es como siempre la suma módulo dos. Suponiendo que para nosotros el circuito detallado de esta función es una caja negra, lo simbolizamos

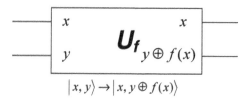

$$|x,y\rangle \rightarrow |x, y \oplus f(x)\rangle$$

Figura 1.7.12: Operador Uf de evaluación paralela de f(0) y f(1).

Se puede crear una *base de superposición* $(|0\rangle+|1\rangle)/\sqrt{2}$ con la *transformación de Hadamard* operando sobre un $|0\rangle$. Si se ingresa esa base en el circuito arriba descripto junto a un qubit **ancillar** (estado puro) nulo, resulta

$$U_f\left(\left|\frac{|0\rangle+|1\rangle}{\sqrt{2}}, |0\rangle\right\rangle\right) \rightarrow \left|\frac{|0,f(0)\rangle+|1,f(1)\rangle}{\sqrt{2}}\right\rangle \qquad (1.7.6)$$

el *estado superpuesto resultante es notable ya que contiene en un solo qubit las evaluaciones de ambos f(0) y f(1)*. Esta es la esencia del paralelismo cuántico. Al contrario de lo que ocurre con los circuitos clásicos donde el paralelismo se logra por circuitos múltiples cada uno computando f(x) para distintos x, aquí un solo circuito y una sola evaluación computa ambos valores.

Este procedimiento se generaliza para un número arbitrario de qubits por la **Transformada de Hadamard** o de *Walsh-Hadamard*, que consiste simplemente en la aplicación de n puertas H en paralelo.

Figura 1.7.13: Transformada de Hadamard operando sobre dos qubits en paralelo

Por ejemplo, en este caso, si las entradas son estados cero

$$|00\rangle \xrightarrow{H\otimes 2} \left(\frac{|0\rangle+|1\rangle}{\sqrt{2}}\right) \otimes \left(\frac{|0\rangle+|1\rangle}{\sqrt{2}}\right) = \frac{1}{\sqrt{2}}\left(|00\rangle+|01\rangle+|10\rangle+|11\rangle\right) \qquad (1.7.7)$$

En general, si ingresan n qubits es estado nulo, el estado de salida será

$$H^{\otimes n} = \frac{1}{\sqrt{2^n}} \sum_x |x\rangle \qquad (1.7.8)$$

donde la suma abarca a todos los estados cuánticos posibles del conjunto de qubits. La transformada de Hadamard genera la superposición simétrica de todos los estados bases usando sólo n puertas lógicas, lo que es muy eficiente. Por ejemplo para evaluar una función *f(x)* tal como se la definió antes, en paralelo sobre todos sus valores del dominio, primero se prepara el estado (múltiple de n qubits) $|0\rangle^{\otimes n} = |00....0\rangle_n$, se lo procesa a través de la transformada de Hadamard para superponer todos los estados y por último, junto a un qubit ancilla nulo se lo pasa por una transformada U_f, el resultado será

$$U_f\left(|00\cdots0\rangle_n\right) \rightarrow \frac{1}{\sqrt{2^n}} \sum_x |x\rangle|f(x)\rangle \qquad (1.7.9)$$

donde como antes la suma abarca todos los estados superpuestos de los n qubits. En cierto sentido el paralelismo cuántico ha permitido evaluar *simultáneamente* la función *f(x)* sobre las 2^n combinaciones de estados superpuestos de n qubits. La computación cuántica requiere algo más para explotar el paralelismo cuántico aquí presentado y es la forma de extraer información acerca de funciones superpuestas.

La transformada discreta de Fourier (FFT)

La *transformada discreta de Fourier* o *transformada rápida de Fourier* (FFT) es usualmente descripta como la transformación de un conjunto $x_0, x_1, x_2, ..., x_{N-1}$ de N números complejos en otro conjunto $y_0, y_1, y_2, ..., y_{N-1}$ de N números complejos definidos por

$$y_k \equiv \frac{1}{\sqrt{N}} \sum_{j=0}^{N-1} \exp(2\pi i j k / N) \cdot x_j \qquad (1.7.10)$$

Esta transformada posee múltiples aplicaciones en ciencias, muchas veces resolviendo a través de su lenguaje y con facilidad problemas que por otra vía serían más complejos. El más importante algoritmo cuántico, el *algoritmo de factorización y de logaritmos discretos de Shor*, está basado en la aplicación de esta transformada. Imaginemos que se define una transformación lineal *U* sobre n qubits por su acción sobre las bases computacionales $|j\rangle$ donde $0 \le j \le 2^n - 1$, entonces

$$|j\rangle \rightarrow \frac{1}{\sqrt{2^n}} \sum_{k=0}^{2^n-1} \exp(2\pi i j k / 2^n) |k\rangle \qquad (1.7.11)$$

Se demuestra que esta transformación es unitaria y realizable a través de un circuito cuántico. Si se escribe su acción sobre estados superpuestos tal como se vio en (1.7.9)

$$\sum_{j=0}^{2^n-1} x_j |j\rangle \rightarrow \frac{1}{\sqrt{2^n}} \sum_{k=0}^{2^n-1} \left[\sum_{j=0}^{2^n-1} \exp(2\pi i j k / 2^n) \cdot x_j \right] |k\rangle = \sum_{k=0}^{2^n-1} y_k |k\rangle \qquad (1.7.12)$$

con lo cual vemos que *se puede realizar la transformada de Fourier sobre N=2ⁿ* con lo cual vemos que *se puede realizar la transformada de Fourier sobre $N=2^n$ elementos en paralelo a través de un circuito cuántico* basado en los conceptos presentados del operador U_f operando sobre N estados transformados por Hadamard.

Se presenta como ejemplo el circuito cuántico de una transformada de Fourier (FTT) operando sobre tres qubits

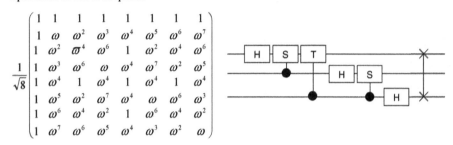

$$\frac{1}{\sqrt{8}}\begin{pmatrix} 1 & 1 & 1 & 1 & 1 & 1 & 1 & 1 \\ 1 & \omega & \omega^2 & \omega^3 & \omega^4 & \omega^5 & \omega^6 & \omega^7 \\ 1 & \omega^2 & \omega^4 & \omega^6 & 1 & \omega^2 & \omega^4 & \omega^6 \\ 1 & \omega^3 & \omega^6 & \omega & \omega^4 & \omega^7 & \omega^2 & \omega^5 \\ 1 & \omega^4 & 1 & \omega^4 & 1 & \omega^4 & 1 & \omega^4 \\ 1 & \omega^5 & \omega^2 & \omega^7 & \omega^4 & \omega & \omega^6 & \omega^3 \\ 1 & \omega^6 & \omega^4 & \omega^2 & 1 & \omega^6 & \omega^4 & \omega^2 \\ 1 & \omega^7 & \omega^6 & \omega^5 & \omega^4 & \omega^3 & \omega^2 & \omega \end{pmatrix}$$

Figura 1.7.14: Transformada de Fourier cuántica operando sobre tres qubits en paralelo y su forma matricial en H 8 , usando $\omega = \exp(2\pi i / 8) = \sqrt{i}$

---

*Clásicamente la FFT requiere aproximadamente N log₂ N = n2ⁿ pasos para transformar vía Fourier a N = 2ⁿ números. En una computadora cuántica como la aquí esbozada, la FFT se concreta en (log₂ N)² = n² pasos. **Esto representa una aceleración exponencial**.*

Principales diferencias entre computación cuántica y clásica

1. *Todos los operadores cuánticos son unitarios, por lo tanto **los circuitos cuánticos son reversibles**, una diferencia importante con los circuitos clásicos. Por ese motivo no hay puertas FANIN (Tipo AND u OR) que funden dos (o mas) líneas en una.*
2. *Los circuitos cuánticos no admiten bucles (loops o feedbacks) y por lo tanto son **lineales**.*
3. *Los estados cuánticos **no se pueden clonar**, no hay circuitos FANOUT que puedan replicar qubits. Esta propiedad es otra importante diferencia con la computación clásica.*
4. *Los circuitos cuánticos son **inherentemente paralelos**, permitiendo evaluar una función f(x) para múltiples valores de x en forma simultánea. Esta es la base de la gran potencia computacional cuántica.*

1.8. Teoría cuántica de la información (QIT)

(*QIT: Quantum Information Theory*) El concepto central de la teoría de información clásica es la medida de *entropía* de Shannon. Hemos desarrollado este tema en el apartado correspondiente. Ahora analizaremos el concepto equivalente desde el punto de vista cuántico. Así como la entropía de Shannon mide la incertidumbre asociada con una distribución de probabilidad clásica, en mecánica cuántica los estados se describen en forma similar, con operadores de densidad en reemplazo de las distribuciones de probabilidad.

Von Neumann definió la entropía de un estado cuántico ρ por la fórmula

$$S(\rho) = -tr(\rho \cdot \log_2 \rho) \tag{1.8.1}$$

Si λ_x son los autovalores de ρ entonces la fórmula se puede rescribir

$$S(\rho) = \sum_x \lambda_x \log_2 \lambda_x \tag{1.8.2}$$

donde al igual que en el caso clásico $0\log_2 0 \equiv 0$ por definición. Por ejemplo, en un sistema totalmente mezclado, el operador de densidad de un espacio d-Dimensional $\mathbf{I}$ / d posee una entropía $S = \log_2 d$ (bits). Esta última fórmula es la más útil para los cómputos. Por ejemplo, usando la plataforma *Mathematica®*

$$\rho = \frac{1}{3} \begin{pmatrix} 2 & 1 \\ 1 & 1 \end{pmatrix}$$

$\{\{\frac{2}{3}, \frac{1}{3}\}, \{\frac{1}{3}, \frac{1}{3}\}\}$

Tr[ρ]

1

$\{\lambda_1, \lambda_2\}$ = **Eigenvalues[ρ]**

$\{\frac{1}{6} (3 - \sqrt{5}), \frac{1}{6} (3 + \sqrt{5})\}$

VNEntropy = $-\lambda_1$ **Log[2, λ_1]** $- \lambda_2$ **Log[2, λ_2]**

$$\frac{(-3 + \sqrt{5}) \text{Log}[\frac{1}{6} (3 - \sqrt{5})]}{6 \text{Log}[2]} - \frac{(3 + \sqrt{5}) \text{Log}[\frac{1}{6} (3 + \sqrt{5})]}{6 \text{Log}[2]}$$

N[%]

0.5500477595827575`

Figura 1.8.1.: Cómputo de entropía de Von Neumann

Al igual que en el caso clásico, resulta útil definir una versión cuántica de *entropía relativa*. Sean ρ y σ los operadores de densidad de dos sistemas, la entropía relativa de ρ respecto a σ es

$$S(\rho \| \sigma) = tr(\rho \log_2 \rho) - tr(\rho \log_2 \sigma) \tag{1.8.3}$$

Al igual que en el caso clásico se verifica $0 \le S(\rho \| \sigma) < \infty$, donde la igualdad se verifica *sii* $\rho = \sigma$. La pregunta acerca de la continuidad de la entropía se responde de la siguiente manera, supongamos que ρ varía en una cantidad pequeña, ¿cuánto se modifica su S(ρ)?

Supongamos que ρ y σ son matrices de densidad tales que la distancia entre sus trazas satisface T(ρ, σ)≤1/e, entonces se cumple la *desigualdad de Fanne*

$$| S(\rho) - S(\sigma) | \le T(\rho, \sigma) \log_2 d + \eta(T(\rho, \sigma)) \tag{1.8.4}$$

donde d es la dimensión del espacio de Hilbert y $\eta(x) \equiv x.\log_2 x$. Esto demuestra que la entropía crece moderadamente con los cambios del operador de densidad. La entropía de Von Neumann posee cinco propiedades fundamentales

---

(1) La entropía es no-negativa y nula sii el estado es puro.

(2) En un espacio H^d la máxima entropía es $\log_2 d$ y eso sii el sistema está en el estado de mezcla completa $\rho = I / d$

(3) Si un sistema compuesto AB está en un estado puro, S(A)=S(B)

(4) Si p_i son probabilidades y los estados ρ_i dependen de subespacios ortogonales, entonces $S(\sum_i p_i \rho_i) = H(p_i) + \sum_i p_i S(\rho_i)$, donde H( ) es la entropía clásica de Shannon.

*(5) **Teorema de la entropía conjunta:** Si p_i son probabilidades e $|i\rangle$ son estados ortogonales del sistema A y ρ_i cualquier conjunto de operadores de densidad de otro sistema B , entonces $S(\sum_i p_i |i\rangle\langle i| \otimes \rho_i) = H(p_i) + \sum_i p_i S(\rho_i)$, donde H( ) es la entropía clásica de Shannon. En general $S(\rho \otimes \sigma) = S(\rho) + S(\sigma)$*

En forma análoga al caso clásico, se definen las entropías *conjunta*, *condicional* y la *información mutua* entre dos sistemas cuánticos

$$S(A, B) \equiv -tr(\rho^{AB} \log_2 \rho^{AB})$$
$$S(A \mid B) = S(A, B) - S(B)$$
$$S(A : B) = S(A) + S(B) - S(A, B) = S(A) - S(A \mid B) = S(B) - S(B \mid A)$$

(1.8.5)

donde ρ^{AB} es la matriz de densidad del sistema AB. Algunas propiedades de la entropía de Shannon fallan para la entropía de Von Neumann y esto tiene interesantes

61

consecuencias para la teoría de información cuántica. Por ejemplo, para variables aleatorias X e Y vale la desigualdad

$$H(X) \leq H(X,Y) \tag{1.8.6}$$

lo cual es muy intuitivo ya que afirma que el conocimiento adicional puede disminuir la indeterminación de un sistema y a lo sumo no modificarla si se trata de variables independientes u ortogonales. Esto falla en (algunos) sistemas cuánticos si hay *entramado* (*entanglement*)

síntesis

En caso de sistemas cuánticos **entramados**, *la* **entropía conjunta entre ellos es** **nula** *(S(A,B)=0) y la* **entropía condicional es negativa** *(S(A|B)<0, S(B|A)<0). Volveremos sobre este tópico cuando se analicen los fenómenos de Teleportación y codificación superdensa. Desde el punto de vista informacional una entropía condicional negativa significa que en el mundo cuántico hay* **supercorrelación** *o asociaciones entre estados que son más fuertes que las que existen entre entes en el mundo clásico.*

62

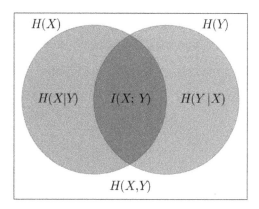

Figura 1.8.2.: diagramas de la entropía informacional de Shannon para dos conjuntos X, Y, en cada caso el área grisada representa la indeterminación existente en el conjunto indicado, ya sea absoluta o condicional. Para la entropía Von Neumann se reemplaza H por S.

Mediciones

Las mediciones proyectivas conservan o incrementan la entropía de un sistema cuántico. Supongamos que P_i es un conjunto completo de proyectores ortogonales y ρ un operador de densidad. Entonces la entropía del estado residual $\rho' = \sum_i P_i \rho P_i$ luego de la medición es

$$S(\rho') \geq S(\rho) \qquad (1.8.7)$$

donde la igualdad vale *sii* el sistema no se modifica por la medición ($\rho' = \rho$). En cambio, las mediciones generalizadas pueden disminuir la entropía del sistema.

63

Concavidad

La entropía cuántica, al igual que la entropía clásica, es una función cóncava en función de sus argumentos. Dada una distribución de probabilidad p_i (donde $\sum_i p_i = 1$) y los correspondientes operadores de densidad ρ_i, se verifica

$$S\left(\sum_i p_i \rho_i\right) \geq \sum_i p_i S(\rho_i) \tag{1.8.8}$$

y tomando en cuenta la distribución de estados mixtos, se obtiene una cota superior y queda

$$\sum_i p_i S(\rho_i) + H(p_i) \geq S\left(\sum_i p_i \rho_i\right) \geq \sum_i p_i S(\rho_i) \tag{1.8.9}$$

que significa que la incertidumbre conjunta no supera a la incertidumbre media más una contribución (clásica) de incertidumbre de la distribución.

Subaditividad

Supongamos que dos sistemas cuánticos diferentes A y B poseen el estado conjunto ρ^{AB}. Entonces la entropía conjunta satisface

$$\begin{aligned}
S(A,B) &\leq S(A) + S(B) \\
S(A,B) &\geq |S(A) - S(B)|
\end{aligned} \tag{1.8.10}$$

La primera de estas desigualdades se la conoce como la desigualdad de *subaditividad* de Von Neumann en la cual (al igual que en el caso clásico) la igualdad vale para A y B independientes. La segunda es conocida como la desigualdad triangular o de Araki-Lieb.

La condición de subaditividad puede extenderse a tres sistemas, el resultado se conoce como la desigualdad de **subaditividad fuerte** y es uno de los resultados más importantes de la teoría de información cuántica y expresa que para todo trío de sistemas cuánticos A, B, C vale

$$S(A, B, C) + S(B) \leq S(A, B) + S(B, C) \tag{1.8.11}$$

Esta utilísima relación se puede reformular de distintas maneras

$$
\begin{aligned}
&S(A:B) + S(A:C) \leq 2S(A) \\
&S(A \mid B, C) \leq S(A \mid B) \\
&S(A:B) \leq S(A:B, C) \\
&S(A':B') \leq S(A:B) \quad ; \forall \varepsilon(A, B) \rightarrow (A', B')
\end{aligned} \tag{1.8.12}
$$

La última desigualdad es notable y expresa *que las operaciones cuánticas que preservan la traza de los operadores de densidad conjuntos (ε) **nunca incrementan la información mutua***.

Monotonicidad

Una condición razonable e intuitiva para la entropía cuántica se refiere al caso en que un sistema cuántico está integrado por dos partes A y B y se obtienen dos operadores de densidad conjuntos ρ^{AB}, σ^{AB}, la entropía condicional disminuye cuando se ignora una de las partes del sistema

$$S(\rho^A \parallel \sigma^A) \leq S(\rho^{AB} \parallel \sigma^{AB}) \tag{1.8.13}$$

Principio de incertidumbre informacional

Hay una elegante vía entrópica para reformular el principio de incertidumbre de Heisenberg visto en (1.4.5) con respecto a las desviaciones estándar de dos observables C y D

$$\Delta(C)\Delta(D) \geq \frac{|\langle\Psi|[C,D]|\Psi\rangle|}{2} \tag{1.8.14}$$

Sean $C = \sum_C c|c\rangle\langle c|$ y $D = \sum_D d|d\rangle\langle d|$ las descomposiciones espectrales de las dos observables y sea $f(C,D) \equiv \max_{c,d} |\langle c|d\rangle|$ la máxima **fidelidad** entre los autovectores $|c\rangle$ y $|d\rangle$, entonces resulta

$$H(C) + H(D) \geq -2\log_2 f(C,D) \tag{1.8.15}$$

o sea que las indeterminaciones clásicas (de Shannon) de ambas distribuciones están vinculadas y no pueden simultáneamente reducirse a cero.

La cota de Holevo

La cota de Holevo es una cota superior a la información extraíble en un sistema cuántico y presta un papel importante en la teoría de información cuántica. Supongamos que un observador A prepara un estado ρ_X (de entre n+1 opciones) donde X=0,...,n con probabilidades p_0,...,p_n. Si otro observador diferente B efectúa una medición POVM definida por los elementos $\{E_y\}=\{E_0,...,E_m\}$ sobre dicho estado y el resultado de la medición es Y, la cota de Holevo dice que

$$H(X:Y) \leq S(\rho) - \sum_x p_x S(\rho_x) \equiv \chi_{HOLEVO} \tag{1.8.16}$$

donde $\rho = \sum_x p_x \rho_x$. Podemos apreciar que expresa un límite superior a la información extraíble a través de una medición POVM sobre un sistema cuántico de estados mixtos. La cantidad χ_{HOLEVO} aparece en muchas relaciones teóricas en teoría de información cuántica. De la relación (1.8.9) se puede deducir que

$$S(\rho)-\sum_x p_x S(\rho_x) \le H(X) \qquad (1.8.17)$$

donde la igualdad vale *sii* los estados ρ_X tienen soporte ortogonal. Supongamos que la matriz de densidad no tiene soporte ortogonal o sea que la desigualdad fuese estricta, entonces por comparación de las dos últimas relaciones sale que

$$H(X:Y) < H(X) \qquad (1.8.18)$$

de donde se deduce que es imposible determinar X con absoluta confiabilidad basándose en una medición Y.

comentario

*De la **cota de Holevo** surge que **si alguien prepara un sistema cuántico mixto basado en estados cuánticos no ortogonales, ningún observador podrá determinar con certeza cuál era el estado original**. Sólo podrá hacerlo si los estados originales fuesen ortogonales. Este hecho que no posee un equivalente clásico tiene una singular importancia ya que impone una barrera fundamental al conocimiento que se puede llegar a tener de un sistema cuántico. Por otro lado el **teorema de la no-clonación de los estados cuánticos** impide que a través de promedios estadísticos se pueda resolver esta indeterminación esencial de los estados mixtos. **El conocimiento cuántico es imperfecto comparado con el conocimiento clásico**. Analizar la complejidad de los sistemas desde el punto de vista cuántico añade una cuota adicional de indeterminación, a pesar que los sistemas se enfocan a la máxima resolución posible hoy día. Desde el punto de la teoría de información cuántica la cota de Holevo permite demostrar que **no se pueden usar n qubits para transmitir más de n bits clásicos**.*

Vamos a analizar un caso concreto con el siguiente experimento. Supongamos que **Alice** (llamemos Alicia al primer observador) prepara un qubit aislado en uno de dos estados cuánticos lanzando una moneda al azar. Si sale cara ella prepara el estado $|0\rangle$ y si sale cruz prepara el estado $\cos\theta|0\rangle + sen\theta|1\rangle$ donde θ es un parámetro real. En la base $|0\rangle, |1\rangle$ se puede escribir

$$\rho = \frac{1}{2}\begin{pmatrix} 1 & 0 \\ 0 & 0 \end{pmatrix} + \frac{1}{2}\begin{pmatrix} \cos^2\theta & \cos\theta \cdot sen\theta \\ \cos\theta \cdot sen\theta & sen^2\theta \end{pmatrix} \qquad (1.8.19)$$

En la siguiente figura se grafica la cota de Holevo en función del parámetro θ. Como lo ilustran los cómputos en Matemática 4.1, la cota tiene un máximo para $\theta = \pi/2$ y alcanza un valor de 1 bit, con lo cual para ese valor la ***información adquirible*** por el observador independiente **Bob** (llamémoslo Roberto) es igual a la que *Alice* introdujo en el sistema. Esto ocurre porque cuando $\theta = \pi/2$, *Alice* elige al azar uno de dos estados ortogonales

$$\rho_1 = \begin{pmatrix} 1 & 0 \\ 0 & 0 \end{pmatrix} \; ; \; \rho_2 = \begin{pmatrix} 0 & 0 \\ 0 & 1 \end{pmatrix} \qquad (1.8.20)$$

En cualquier otra condición, *Bob* no puede recuperar toda la información que haya introducido *Alice*, ya que su cota de Holevo es menor a 1 bit.

$$\left\{\rho_1 = \begin{pmatrix} 1 & 0 \\ 0 & 0 \end{pmatrix}, \ \rho_2 = \begin{pmatrix} (\text{Cos}[\theta])^2 & \text{Cos}[\theta]\,\text{Sin}[\theta] \\ \text{Cos}[\theta]\,\text{Sin}[\theta] & (\text{Sin}[\theta])^2 \end{pmatrix}, \ \rho = \rho_1/2 + \rho_2/2\right\}$$

$$\left\{\{\{1, 0\}, \{0, 0\}\}, \{\{\text{Cos}[\theta]^2, \text{Cos}[\theta]\,\text{Sin}[\theta]\}, \{\text{Cos}[\theta]\,\text{Sin}[\theta], \text{Sin}[\theta]^2\}\}, \right.$$

$$\left.\left\{\left\{\frac{1}{2} + \frac{\text{Cos}[\theta]^2}{2}, \ \frac{1}{2}\,\text{Cos}[\theta]\,\text{Sin}[\theta]\right\}, \left\{\frac{1}{2}\,\text{Cos}[\theta]\,\text{Sin}[\theta], \ \frac{\text{Sin}[\theta]^2}{2}\right\}\right\}\right\}$$

`{Tr[`ρ_1`], Tr[`ρ_2`], Tr[`ρ`]}`

$$\left\{1, \ \text{Cos}[\theta]^2 + \text{Sin}[\theta]^2, \ \frac{1}{2} + \frac{\text{Cos}[\theta]^2}{2} + \frac{\text{Sin}[\theta]^2}{2}\right\}$$

`{{`$\lambda\rho\$1_1$`, `$\lambda\rho\$1_2$`} = Eigenvalues[`$\rho_1$`], {`$\lambda\rho\$2_1$`, `$\lambda\rho\$2_2$`} = Eigenvalues[`$\rho_2$`], {`$\lambda\rho_1$`, `$\lambda\rho_2$`} = Eigenvalues[`$\rho$`]}`

$$\left\{\{0, 1\}, \{0, 1\}, \left\{\frac{1}{8}\left(2 + 2\,\text{Cos}[\theta]^2 + 2\,\text{Sin}[\theta]^2 - \sqrt{-16\,\text{Sin}[\theta]^2 + (-2 - 2\,\text{Cos}[\theta]^2 - 2\,\text{Sin}[\theta]^2)^2}\right),\right.\right.$$

$$\left.\left.\frac{1}{8}\left(2 + 2\,\text{Cos}[\theta]^2 + 2\,\text{Sin}[\theta]^2 + \sqrt{-16\,\text{Sin}[\theta]^2 + (-2 - 2\,\text{Cos}[\theta]^2 - 2\,\text{Sin}[\theta]^2)^2}\right)\right\}\right\}$$

`{VNEntropy$`ρ`1 = 0 ,`

`VNEntropy$`ρ`2 = 0,`

`VNEntropy$`ρ` = -`$\lambda\rho_1$` Log[2, `$\lambda\rho_1$`] - `$\lambda\rho_2$` Log[2, `$\lambda\rho_2$`]}`

$$\left\{0, \ 0, \right.$$

$$\frac{1}{8\,\text{Log}[2]}\left(\text{Log}\left[\frac{1}{8}\left(2 + 2\,\text{Cos}[\theta]^2 + 2\,\text{Sin}[\theta]^2 - \sqrt{-16\,\text{Sin}[\theta]^2 + (-2 - 2\,\text{Cos}[\theta]^2 - 2\,\text{Sin}[\theta]^2)^2}\right)\right]\right.$$

$$\left.\left(-2 - 2\,\text{Cos}[\theta]^2 - 2\,\text{Sin}[\theta]^2 + \sqrt{-16\,\text{Sin}[\theta]^2 + (-2 - 2\,\text{Cos}[\theta]^2 - 2\,\text{Sin}[\theta]^2)^2}\right)\right) -$$

$$\frac{1}{8\,\text{Log}[2]}\left(\text{Log}\left[\frac{1}{8}\left(2 + 2\,\text{Cos}[\theta]^2 + 2\,\text{Sin}[\theta]^2 + \sqrt{-16\,\text{Sin}[\theta]^2 + (-2 - 2\,\text{Cos}[\theta]^2 - 2\,\text{Sin}[\theta]^2)^2}\right)\right]\right.$$

$$\left.\left(2 + 2\,\text{Cos}[\theta]^2 + 2\,\text{Sin}[\theta]^2 + \sqrt{-16\,\text{Sin}[\theta]^2 + (-2 - 2\,\text{Cos}[\theta]^2 - 2\,\text{Sin}[\theta]^2)^2}\right)\right)\right\}$$

`HolevoJi = VNEntropy$`ρ` - (1/2) VNEntropy$`ρ`1 - (1/2) VNEntropy$`ρ`2;`

`Plot[HolevoJi, {`θ`, 0.1, `π`}]`

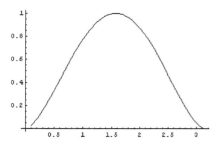

Figura 1.8.3.: Cómputo y gráfica de la cota de Holevo en función del parámetro theta, observar que todas las trazas de los operadores de densidad son iguales a 1 y en el valor Holevo sólo interviene S(rho) porque los autovalores de rho₁ y rho₂ son {0,1}, por lo cual sus entropías son nulas. Sólo cuando theta=Pi/2 se puede extraer toda la información que se haya introducido en el sistema porque los estados base son ortogonales. Cuanto menor sea HolevoJi, más difícil se hará extraer información del sistema.

La desigualdad de Fano

Supongamos que se quiere inferir el valor de una variable aleatoria X basado en el conocimiento de otra variable Y. Intuitivamente se espera que la entropía condicional H(X|Y) limite la eficacia de este procedimiento. La desigualdad de Fano formaliza esta intuición y aporta una cota para el conocimiento adquirible de X a través de Y. Supongamos que $\tilde{X} \equiv f(Y)$ es alguna función de Y que se emplea para obtener la mejor estimación del valor X. Sea $p_e = p(X \neq \tilde{X})$ la probabilidad de equivocarse al efectuar esta estimación, entonces la desigualdad de Fano establece que

$$H(p_e) + p_e \log_2(|X|-1) \geq H(X|Y) \qquad (1.8.21)$$

donde $H(\ )$ es la entropía de Shannon y $|X|$ el cardinal del conjunto de valores posibles X. Cualitativamente, la desigualdad nos informa que si la entropía condicional es grande comparada con el tamaño del cardinal, la probabilidad de equivocarse también será grande.

1.9. Teleportación y codificación superdensa

Hasta este apartado el análisis de la teoría de información cuántica ha enfocado temas que no están tan lejos de los recursos clásicos. Sin embargo, uno de los aspectos más interesantes de la teoría cuántica de información es que contiene recursos absolutamente novedosos que no poseen paralelos en la teoría clásica. El más comprendido de estos recursos es el *entramado* (*entanglement*), aunque aún se está lejos de tener una teoría general de entramado cuántico. Vamos a analizar este fenómeno.

Primero veamos cómo se generan *estados entramados*. Con el siguiente circuito cuántico y su tabla de verdad respectiva, vemos que en base a qubits *ancilla* de entrada se pueden generar cuatro estados entramados, conocidos como *estados de Bell* o *pares EPR* en honor a lo ya discutido en el apartado 1.6.

Entrada	Salida
$\lvert 00\rangle$	$(\lvert 00\rangle + \lvert 11\rangle)/\sqrt{2} \equiv \lvert \beta_{00}\rangle$
$\lvert 01\rangle$	$(\lvert 01\rangle + \lvert 10\rangle)/\sqrt{2} \equiv \lvert \beta_{01}\rangle$
$\lvert 10\rangle$	$(\lvert 00\rangle - \lvert 11\rangle)/\sqrt{2} \equiv \lvert \beta_{10}\rangle$
$\lvert 11\rangle$	$(\lvert 01\rangle - \lvert 10\rangle)/\sqrt{2} \equiv \lvert \beta_{11}\rangle$

$$\lvert \beta_{xy}\rangle = \frac{\lvert 0,y\rangle + (-1)^x \lvert 1,\bar{y}\rangle}{\sqrt{2}}$$

Figura 1.9.1.: Generación de los estados entramados de Bell o pares EPR. Nótese la formación de una base de Bell integrada por estos cuatro estados entramados ortonormales.

Teleportación cuántica

Aplicando las técnicas descriptas en los últimos apartados se puede analizar algo que es sorprendente y no trivial, la teleportación cuántica. Esta es una técnica para mover estados cuánticos en ausencia de canales de comunicación de naturaleza cuántica entre el emisor *Alice* y el receptor *Bob*. Supongamos que *Alice* y *Bob* se conocen desde hace tiempo y generan un qubit entramado $\lvert \beta_{00}\rangle$. Luego ellos se separan (a años luz de distancia) y cada uno se lleva un qubit entramado del par. En un instante dado *Alice* decide mandarle a *Bob* un qubit $\lvert \Psi\rangle$ cuyo estado es para ella desconocido. Sólo dispone de la posibilidad de enviarle a *Bob* bits clásicos y como ambos disponen de hardware cuántico, ejecutan el experimento que se diagrama en la siguiente figura

71

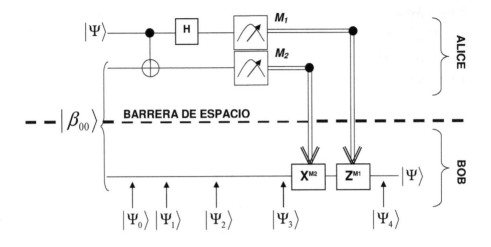

Figura 1.9.2.: Circuito de teleportación de un qubit de estado cuántico desconocido de Alice a Bob por transmisión de dos bits clásicos. Ambos poseen de entrada un qubit entramado. En la fila inferior se ilustran los sucesivos estados cuánticos del proceso

Se pueden seguir los estados sucesivos aplicando paso a paso los operadores correspondientes

$$a\,teleportar : |\Psi\rangle = \alpha|0\rangle + \beta|1\rangle \quad (\alpha, \beta\ desconocidos)$$

$$comienzo : \quad |\Psi_0\rangle = |\Psi\rangle \otimes |\beta_{00}\rangle = \frac{1}{\sqrt{2}}\big[\alpha|0\rangle(|00\rangle + |11\rangle) + \beta|1\rangle(|00\rangle + |11\rangle)\big]$$

$$post\,CNOT : |\Psi_1\rangle = \frac{1}{\sqrt{2}}\big[\alpha|0\rangle(|00\rangle + |11\rangle) + \beta|1\rangle(|10\rangle + |01\rangle)\big] \tag{1.9.1}$$

$$post\,HADAMARD : |\Psi_2\rangle = \frac{1}{2}\big[\alpha(|0\rangle + |1\rangle)(|00\rangle + |11\rangle) + \beta(|0\rangle - |1\rangle)(|10\rangle + |01\rangle)\big] =$$

$$= \frac{1}{2}\big[|00\rangle(\alpha|0\rangle + \beta|1\rangle) + |01\rangle(\alpha|1\rangle + \beta|0\rangle) + |10\rangle(\alpha|0\rangle - \beta|1\rangle) + |11\rangle(\alpha|1\rangle - \beta|0\rangle)\big]$$

como se puede apreciar, al salir de la puerta Hadamard el estado se separa en cuatro términos independientes y ortogonales. Por ejemplo, el primer término tiene a los

72

qubits de *Alice* en el estado $|00\rangle$ y al medir obtiene '**00**', el qubit de *Bob* estará en el estado $\alpha|0\rangle + \beta|1\rangle$, o sea el estado del qubit teleportado. Lógicamente, los qubits de *Alice* pueden hallarse en uno de cuatro estados ortogonales y por ende hay cuatro resultados posibles del experimento

$$post\ mediciones : |\Psi_3 ab\rangle \quad \text{a, b son los bits clásicos medidos} \quad a,b \in \{0,1\}$$

$$post\ operadores\ de\ negación\ y\ cambio\ de\ signo :$$

$$\begin{aligned} sii\ a,b \equiv 0,0 &\Rightarrow |\Psi_4\rangle = \alpha|0\rangle + \beta|1\rangle \\ sii\ a,b \equiv 0,1 &\Rightarrow |\Psi_4\rangle = \alpha|1\rangle + \beta|0\rangle \\ sii\ a,b \equiv 1,0 &\Rightarrow |\Psi_4\rangle = \alpha|0\rangle - \beta|1\rangle \\ sii\ a,b \equiv 1,1 &\Rightarrow |\Psi_4\rangle = \alpha|1\rangle - \beta|0\rangle \end{aligned}$$

$$(1.9.2)$$

comentario

*Obsérvese que para que se produzca la teleportación es necesario que Alice le comunique a Bob el resultado de sus mediciones. **Este es el hecho que previene que exista comunicación supralumínica entre Alice y Bob**, lo que violaría la teoría de la relatividad general. Otra consecuencia curiosa de la comunicación supralumínica sería la posibilidad de invertir la dirección del tiempo y enviar información al pasado. Como la comunicación de Alice a Bob no puede superar **c**, esta aparente paradoja queda resuelta. Otra curiosidad de la teleportación es que **parece crear una copia del qubit original** (en violación con el teorema de la no-clonación), pero esto tampoco es así porque durante el proceso el qubit original termina degradado en uno de dos estados finales $|0\rangle$ o $|1\rangle$.*

*La teleportación no sólo es un curioso proceso cuántico sino que **ilustra el intercambio de recursos diferentes en la mecánica cuántica** (por ejemplo que un par EPR y dos bits clásicos equivalen a un qubit). La computación cuántica y la teoría cuántica de la información han desarrollado un amplio conjunto de experimentos de intercambio de recursos, muchos de ellos basados en la teleportación, por ejemplo la construcción de puertas lógicas cuánticas robustas (inmunes al ruido) y la construcción de códigos de corrección de errores. A pesar de todo lo dicho, se está en los albores de entender el fenómeno de la teleportación.*

*Un experimento íntimamente ligado a la teleportación y que consiste en otro intercambio de recursos, es la **codificación superdensa** que veremos a continuación.*

Codificación superdensa

Esta es otra simple y sorpresiva aplicación de la mecánica cuántica elemental. En cierto sentido se la puede considerar un experimento inverso al de la teleportación, lo que se resalta al analizar el balance entrópico de ambos fenómenos. En este caso, *Alice* y *Bob* comparten como en la teleportación un qubit entramado de Bell o par EPR $|\beta_{00}\rangle$. Ahora *Alice* desea enviar a *Bob* en un solo qubit dos bits clásicos de información, de allí el nombre de ***codificación informacional superdensa***. Esto lo logra de la siguiente manera, Alice le devuelve a Bob su qubit entramado, pero elije una de cuatro opciones (codificables por dos bits) de transformación basadas en los operadores de Pauli antes de remitirlo, por ejemplo si elije la opción '**01**' transforma su qubit por la puerta Z antes de devolverlo, en general

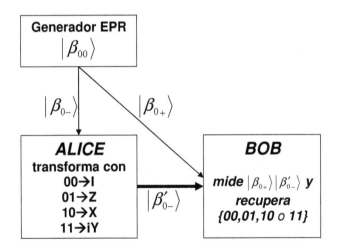

Figura 1.9.3.: Esquema de la codificación superdensa. Alice decide comunicar a Bob 2 bits clásicos y lo logra enviando 1 sólo qubit (el integrante del Par EPR convenientemente transformado). Por ejemplo, para comunicar la opción '00', lo envía tal como está.

Diagramas de Feynman y balance entrópico de la teleportación y la codificación superdensa

A finales de los años cuarenta, el joven físico estadounidense, Richard Feynman, reformuló la mecánica cuántica en términos de órbitas, un concepto mucho más cercano a la intuición macroscópica. Feynman estableció que los resultados mecánico-cuánticos pueden representarse como la suma de todos los posibles recorridos de las órbitas que unen un punto inicial en el espacio y en el tiempo, con un punto final también en el espacio y en el tiempo. Cada uno de esos recorridos contribuye de manera especial y lleva una fase característica (un reloj propio relacionado con el recorrido). Para encontrar el resultado es necesario tomar en cuenta cada una de las fases, pues si un recorrido llegara con la manecilla apuntando a las 12 y otro apuntando a las 6, los dos se anularían, pues tendrían una interferencia destructiva. Esta formulación ha sido muy utilizada en la física de altas energías, la que estudia las partículas y los campos elementales. Gracias a la formulación de Feynman ha sido posible calcular efectos sutiles que muestran las interacciones de las fuerzas de la naturaleza. La dificultad siempre reside en la necesidad de encontrar un número muy grande, de hecho infinito, de recorridos y calcular detalladamente las fases para luego poder sumarlos y obtener el resultado deseado.

En nuestro caso, los *diagramas de Feynman* permiten representar de la forma más simple posible los fenómenos de teleportación y codificación superdensa. A su vez resulta sumamente interesante analizar desde el punto de vista entrópico ambos fenómenos, en particular la existencia de entropías condicionales negativas, resultado que hemos predicho en apartados previos para los sistemas entramados. Cerf y Adami (CERF,1997) avanzan un paso más allá y plantean que el Par EPR de entropía nula se separa en sus dos qubits entramados, de los cuales uno se comporta como "partícula", un qubit con entropía uno y el otro como "antipartícula", un anti-qubit con entropía menos uno y portador de información negativa (virtual).

En la siguiente figura se ilustran los diagramas entrópicos correspondientes a los procesos clásicos de independencia y correlación total, junto al caso entramado

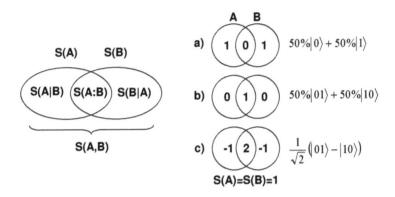

Figura 1.9.4.: Balance entrópico de un sistema de dos qubits.. En la izquierda el diagrama de Venn de la entropía en un sistema bipartito AB. En la derecha el diagrama de dos qubits A y B con S(A)=1 y S(B)=1 en tres estados límite.

Las entropías de Von Neumann de los distintos estados es

$$S(A) = -Tr[\rho_A \log_2 \rho_A]$$
$$S(B) = -Tr[\rho_B \log_2 \rho_B]$$
$$S(A|B) = -Tr[\rho_{AB} \log_2 \rho_{AB}] \quad donde \ \rho_{AB} = \lim_{n \to \infty} \left[\rho_{AB}^{1/n} (I_A \otimes \rho_B)^{-1/n}\right]^{1/n} \quad (1.9.3)$$
$$S(A:B) = -Tr[\rho_{AB} \log_2 \rho_{A:B}] \quad donde \ \rho_{A:B} = \lim_{n \to \infty} \left[(\rho_A \otimes \rho_B)^{1/n} \rho_{AB}^{-1/n}\right]^{n}$$

Resulta interesante comprobar que entre todos los operadores de densidad mencionados, ρ_{AB} ocupa un rol especial porque no es *semi-definida positiva*, por lo cual $S(A|B)$ puede ser negativa, hecho que se cumple en el caso de estados *entramados*. Definimos como *información virtual* a aquella en la cual su extracción (o recuperación) violaría el principio de la causalidad. En otras palabras, la información virtual no puede dar lugar a ***comunicaciones supralumínicas*** entre las dos partículas del par EPR. El signo de la información virtual que se asigna a cada elemento del par EPR (positiva o negativa) no es una propiedad intrínseca de la partícula sino que sólo es asignable una vez que se completó la dinámica del proceso. Los diagramas de Feynman de la teleportación y codificación superdensa son

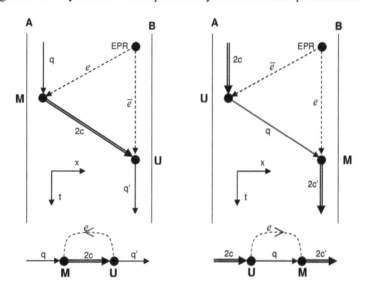

*Figura 1.9.1.: Diagrama espacio-temporal y de la dinámica de la información cuántica en los procesos de teleportación (izquierda) y codificación superdensa (derecha). A es el sitio de Alice y B el sitio de Bob. Los qubits se representan con q y los bits clásicos con c. Observar que el par EPR (de entropía nula) se considera constituido por un qubit (ebit **e**) de entropía uno (portador de información virtual positiva) y un anti-qubit (anti-ebit, $\bar{e}$) de entropía menos uno (portador de anti-información, o información virtual negativa). Según el diagrama de Feynman inferior, el traslado de un anti-ebit en el sentido habitual del tiempo equivale al traslado de un ebit en el sentido inverso del tiempo. M y U son operadores de medición y Unitario (general) respectivamente*

síntesis

> *Los fenómenos de la codificación superdensa y la teleportación abrieron los horizontes del concepto de la información, brindando nuevas herramientas para la comprensión del universo. La **entropía negativa**, la **supercorrelación**, la **información virtual**, los **e-bits** y **anti e-bits** son algunos de los aspectos que quebraron la frontera de lo intuitivo. Hoy día las explicaciones de nuestro universo se apartan tanto de lo que nuestra mente llega a imaginar que parece necesario desconfiar de las impresiones, las nociones intuitivas y abandonar las visiones simplistas de la realidad en beneficio de una cabal comprensión por medios puramente abstractos.*

1.10. Simulación cuántica (QS)

(*QS: Quantum Simulation*) La simulación de sistemas cuánticos que se presentan en la naturaleza es uno de los campos naturales de aplicación de la computación cuántica y un tema extremadamente complejo para ser abordado por computadoras tradicionales. Uno de los motivos que explican esta dificultad es que el número de datos necesarios para describir un sistema cuántico crece exponencialmente con el tamaño del sistema y no linealmente como ocurre con los sistemas clásicos. En general, almacenar el estado cuántico de un sistema con n componentes requiere $O(c^n)$ bits de memoria en una computadora clásica, donde c es una constante que depende de los detalles del sistema simulado y la precisión buscada en los resultados de esa simulación.

Por el contrario, una computadora cuántica puede efectuar esa simulación usando $O(kn)$ qubits, donde nuevamente la constante k depende de las condiciones particulares del sistema simulado. Esto permite a las computadoras cuánticas efectuar simulaciones que no se pueden concretar por vía clásica. Como ya se predijo en otro apartado, hay una advertencia implícita en la computación cuántica y es que al culminar la simulación la información deseada no siempre es fácil de recuperar. Cuando se mide un sistema simulado de kn qubits, la información colapsa en algún estado definido (un autovalor natural de la observable) brindando sólo kn bits clásicos de información de los c^n bits de *"información oculta"*. Por eso, uno de los pasos cruciales en el desarrollo de simulaciones cuánticas consiste en el desarrollo de medios sistemáticos mediante los cuales se pueda extraer eficientemente la información buscada. *Hoy día se conoce solo parcialmente cómo hacer esto.*

comentario

> *Más allá de esta advertencia la simulación cuántica parece que será una de las aplicaciones importantes de las computadoras cuánticas. La simulación de sistemas cuánticos es un problema importante en varios campos, especialmente en química cuántica donde las restricciones computacionales hacen prácticamente imposible estudiar el comportamiento de moléculas de tamaño moderado. **Vale la pena recordar el ejemplo citado de la simulación de la molécula de metano**. Con mucha menos razón resulta hoy día impensable la simulación cuántica de macromoléculas que juegan un papel tan importante en la complejidad de la biología.*

En algún futuro se podrá descubrir un fenómeno físico de la naturaleza que no sea eficientemente simulable por la computación cuántica. Lejos de ser una mala noticia, esto sería un estímulo para extender nuestros modelos de computación para abarcar a ese fenómeno e incrementar el poder de nuestros actuales recursos. También será interesante comprobar qué clase de nuevos efectos físicos están asociados con ese experimento. Otra aplicación para la simulación cuántica es ganar comprensión acerca de otros algoritmos cuánticos, como ser el perfeccionamiento de los problemas algorítmicos de búsqueda.

Finalmente la computación cuántica brinda un corolario interesante y optimista de la *Ley de Moore*. Recordemos que esa ley empírica establece que el poder de las computadoras clásicas se duplica cada dos años a costo constante. Sin embargo, suponiendo que estamos simulando un sistema cuántico en una computadora clásica y queremos añadir un único qubit al sistema simulado. Esto al menos duplica los requerimientos de memoria requeridos por la computadora convencional para almacenar los estados cuánticos, con un incremento equivalente en tiempo necesario de simulación. El corolario cuántico a la Ley de Moore se puede establecer diciendo que *en los sistemas computacionales cuánticos cada dos años se agrega un qubit a la computadora*. Por supuesto esto no debe tomarse al pié de la letra aunque este razonamiento heurístico nos explica porqué debemos estar interesados en las computadoras cuánticas y que razonablemente en algún futuro superen las capacidades de las tradicionales, al menos para algunas aplicaciones.

1.11. Teoría cuántica de la complejidad computacional
comentario

¿Cuán poderosas son las computadoras cuánticas? ¿Qué es lo que les brinda su potencia? *Nadie conoce aún la respuesta a esas preguntas a pesar de las sospechas alimentadas por ejemplos como el de la factorización de que son exponencialmente más potentes que las clásicas. Aún es posible que las computadoras cuánticas no sean más poderosas que las clásicas en el sentido que cualquier problema que puede ser eficientemente resuelto por una computadora cuántica también lo sea a través de computadoras clásicas. Por el otro lado y eventualmente, se podría llegar a probar que las computadoras cuánticas son mucho más potentes que sus contrapartes clásicas. En este apartado analizaremos este tema.*

La teoría de la complejidad computacional es el campo que se ocupa de clasificar la dificultad de los distintos problemas computacionales, tanto clásicos como cuánticos. En un apartado previo hemos desarrollado los fundamentos de esta teoría, basada en la idea general de *clases de complejidad*. Una clase de complejidad puede ser vista como un conjunto de problemas computacionales que comparten una característica en común respecto a los recursos que necesitan para ser resueltos. Recordemos la clasificación que se ha desarrollado para la teoría clásica y que se resume en la siguiente figura

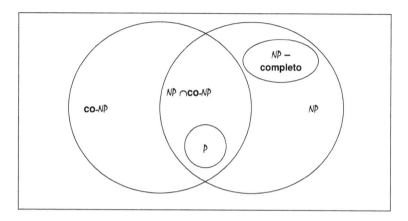

Figura 1.11.1: Relaciones conjeturadas entre las clases de complejidad algorítmica, desde el punto de vista de la computación clásica.

Resumiendo brevemente, vemos que dos de las clases más importantes son la **P** y la **NP**. En esencia **P** es la clase de problemas computacionales que *se resuelven rápidamente* en una computadora clásica. NP es la clase de problemas que *tienen soluciones que pueden ser rápidamente verificada*s en una computadora clásica. Queda claro que **P** ε **NP** dado que la capacidad de resolver problemas involucra la capacidad de controlar sus soluciones. Sin embargo, no se conocen los límites entre ambas clases. El más importante problema a resolver en la teoría de la complejidad clásica es determinar si **P** $\neq$ **NP**. Muchos investigadores piensan que **NP** contiene problemas que no están en **P**. En particular, hay un subconjunto de problemas en **NP**, la clase **NP-COMPLETO (NPC)** que es importante por dos motivos, primero que hay miles de problemas, muchos de gran interés teórico y práctico, de los cuales se ha demostrado que pertenecen a esa subclase, segundo que cada problema de **NPC** es al menos tan difícil de resolver que cualquier otro en **NP**. Mas precisamente, cualquier algoritmo que resuelva algún problema **NPC** podrá ser adaptado para resolver

81

cualquier otro problema **NP**. En consecuencia, si **P** ≠ **NP** fuese verdadero, entonces ningún problema **NPC** podrá ser eficientemente resuelto por computadoras tradicionales.

No se sabe si las computadoras cuánticas podrán ser usadas para resolver rápidamente todos los problemas en **NP**, a pesar que de hecho pueden ser usadas para resolver algunos de esos problemas como el de la *factorización* que hoy por hoy pertenece a **NP**.

comentario

---

*Si el problema de la **factorización** fuese integrante de la clase **NP-COMPLETO**, entonces las computadoras cuánticas podrían resolver eficientemente cualquier problema en **NP**. Las opiniones están divididas, hay investigadores que opinan que factorización se encuentra en **NP**, otros poseen argumentos para opinar que pertenece a **P**. Hoy día el mejor algoritmo de factorización general conocido (factoriza números sin estructura particular reconocible), el GNFS (General Numeric Field Sieve) posee una complejidad de clase subexponencial (es exponencial pero en el límite de la polinómica)*

Se conjetura que las computadoras cuánticas no podrán ser usadas para resolver todos los problemas en **NP**. Existe un notable resultado negativo en este sentido, que descarta que usando el *paralelismo cuántico* (en su versión mas cruda y simple) se puedan resolver todos los problemas **NP**. Se pensaba que buscando en paralelo por el espacio de soluciones factibles se podría hallar la solución efectiva en tiempo **P**, pero se demostró que esto no valía para *todos* los problemas en **NP** ya que la aceleración inducida por el *algoritmo cuántico y optimal de búsqueda* es *cuadrática* ($\Omega(\sqrt{N})$) y no *exponencial* ($O(\ln N)$) como debería haber sido para cubrir todo el espectro **NP**.

P y **NP** son solamente dos de una amplia gama de clases de complejidad. Otra clase de interés es la clase **PSPACE** (*polynomial space*), la clase de problemas que se pueden resolver con computadoras de memoria reducida aunque sin limitaciones de tiempo. Se piensa que **PSPACE** es mayor que **NP** y **P** aunque nuevamente esto no ha sido demostrado. Finalmente la clase **BPP** (*bounded probabilistic polynomial*) es la clase de problemas que se pueden resolver usando algoritmos estocásticos en tiempo polinómico si se tolera cierta probabilidad de fracaso acotada. Se considera a **BPP** (más que a la propia **P**) como la clase *eficientemente resoluble* por computadora cuántica.

¿Qué ocurre con las clases de complejidad propiamente cuánticas? Podemos definir a **BQP** (*bounded quantum polynomial*) como la clase de problemas que puede ser eficientemente resuelta por una computadora cuántica si se tolera una cota prefijada de probabilidad de fracaso. Estrictamente esto hace asemejar más **BQP** a **BPP** que a **P**, pero aquí no se enfatizará sobre dicha diferencia. No se sabe con precisión donde encaja **BQP** con respecto a **P**, **NP** y **PSPACE**. Lo que sí se sabe es que las computadoras cuánticas pueden resolver eficientemente todos los problemas en **P**, pero que no hay problemas fuera de **PSPACE** que pueda resolver eficazmente. Por lo tanto **BQP** esta ubicada en alguna zona entre **P** y **PSPACE** como lo ilustra la siguiente figura

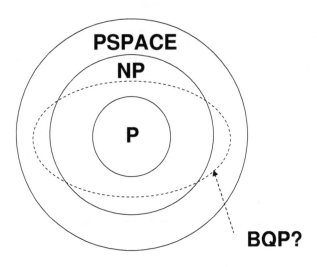

Figura 1.11.2: Conjetura de las relaciones entre las clases de complejidad clásicas y cuántica

La teoría de computación cuántica plantea desafíos interesantes y significativos a las nociones tradicionales de la computación. Lo que hace que este desafío sea importante es que los modelos teóricos de la computación cuántica son aparentemente experimentalmente realizables porque a nuestro saber y entender esta teoría es consistente con la forma de comportamiento de la naturaleza. Si esto no fuese así, la computación cuántica sería una simple curiosidad matemática.

1.12. Procesamiento cuántico en el mundo real

La computación cuántica y la teoría de la información cuántica son valiosos descubrimientos teóricos, aunque sus conceptos centrales como la *superposición* y el *entramado* van contra la intuición que adquirimos del mundo que nos rodea. La pregunta que surge naturalmente es si estas ideas describen realmente la forma en la cual opera la naturaleza. Además uno se plantea la cuestión de la escala. *¿Será posible desarrollar computadoras cuánticas de gran escala o habrá limitaciones que impidan su concreción?* Comenzamos con un experimento que aporta evidencia acerca de la existencia de qubits en la naturaleza.

El qubit es la unidad fundamental de la computación cuántica y de la teoría cuántica de la información. Estamos interesados en conocer si existen en la naturaleza sistemas con propiedades de qubits. La primer prueba experimental de la existencia física de qubits se adquirió a principios del siglo XX, cuando aún no se habían sistematizado los fundamentos de la mecánica cuántica. En 1921 Stern concibió un experimento que en 1922 Gerlach llevó a la práctica y que originalmente consistía en la deflexión de átomos de Ag excitados por una fuente térmica, al pasar por un campo magnético. Como los resultados con la Ag se oscurecen debido a su estructura compleja, en 1927 se repitió el experimento usando H_2. Se observó el mismo efecto básico pero más nítido debido a la simplicidad del átomo de hidrógeno.

Los átomos de H_2 contienen un protón y un electrón orbital, se puede pensar en el movimiento del electrón orbital como en una corriente eléctrica alrededor del protón. Esta corriente eléctrica genera un campo magnético, cada átomo posee un momento magnético dipolar, o sea se comporta como un pequeño imán. Si estos imanes atraviesan un campo magnético se desvían mostrando un comportamiento que podemos definir como dual o binario, desvío hacia "arriba" (+) o hacia "abajo" (-). Cómo se desvía el átomo de hidrógeno depende tanto del momento magnético dipolar como del campo magnético generado durante el experimento. Construyendo adecuadamente el dispositivo experimental se puede lograr que el átomo se desvíe en una cantidad que depende de la componente $\hat{z}$ del momento magnético dipolar, donde $\hat{z}$ es algún eje fijo externo.

Al realizar el experimento surgieron dos hechos que en su momento fueron sorprendentes. Primero, los átomos que salen de la fuente térmica no están orientados al azar y en todas las direcciones del espacio, con lo cual no hay una distribución continua de los mismos. Lo que se observa es un espectro discreto de ángulos, lógicamente debido a la naturaleza cuántica del átomo. Lo segundo y en su momento más sorpresivo es el número de picos que se generan en el espectro. El hidrógeno hacía previsible un único pico de salida con momento magnético dipolar uniforme pero lo que se observó era la aparición de dos picos, uno desviado hacia arriba por el campo magnético y el otro hacia abajo. Este comportamiento finalmente se asoció con el *spin* del electrón, una nueva fuente de energía que actuaba como adición extra al momento magnético orbital del electrón. En la siguiente figura se esquematiza el experimento y su resultado

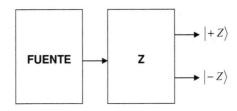

Figura 1.12.1: Experimento Stern-Gerlach. Átomos de H_2 calientes salen de una fuente térmica, son desviados por un campo magnético sobre el eje Z y forman dos picos con igual intensidad en el espectro de salida

Cuando se realiza un experimento en cascada, es decir provocando la dispersión de átomos $|+Z\rangle$ en sucesivos campos magnéticos (sobre distintos ejes, digamos X o Y) en vez de volver a observar la aparición continua de ese único pico, en cada módulo vuelven a aparecer a la salida dos picos de igual intensidad.

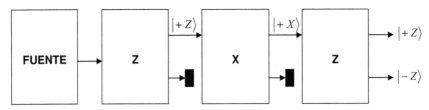

Figura 1.12.2: Experimento Stern-Gerlach en cascada usando campos magnéticos alineados con los ejes Z-X-Z, en cada módulo se regeneran a la salida dos picos de spin con igual intensidad.

Este experimento demuestra que el *spin* no es una propiedad inalterable de cada electrón y que existe una superposición de estados. Cada campo magnético (sea X o

Z) realiza una nueva medición de *spin* sobre ese eje y se repite el patrón de probabilidad 50%-50% en cada resultado. De esta forma, el estado $|+Z\rangle$ se descompone en los estados $|+X\rangle$ y $|-X\rangle$ y que a su vez el estado $|+X\rangle$ se descompone en los estados $|+Z\rangle$ y $|-Z\rangle$. La explicación más simple de este experimento la provee hoy día el modelo qubit. Cada átomo es un qubit, el haz de átomos en un chorro de qubits coherentes. Al pasar por el eje Z cada qubit se mide en la base $|0\rangle, |1\rangle$ y por ende se obtiene un 50% de qubits $|0\rangle$ y otro 50% de qubit $|1\rangle$. El qubit $|0\rangle$ pasa por el campo X y se mide según la base $\frac{1}{\sqrt{2}}(|0\rangle + |1\rangle), \frac{1}{\sqrt{2}}(|0\rangle - |1\rangle)$ y da un 50% de cada tipo. Por último los qubits $\frac{1}{\sqrt{2}}(|0\rangle + |1\rangle)$ se vuelven a medir en la base $|0\rangle, |1\rangle$ y lógicamente se vuelve a obtener un 50% de qubits $|0\rangle$ y otro 50% de qubit $|1\rangle$.

Este ejemplo muestra que los qubits son un sistema confiable de modelar fenómenos de la naturaleza. Por supuesto que no establece más allá de toda duda razonable que el modelo de qubits es una forma correcta de entender el *spin* electrónico. Para eso haría falta más evidencia experimental. Sin embargo, el gran cúmulo de evidencia experimental con experimentos de esta clase permite asegurar que el modelo qubit brinda la explicación más satisfactoria. Lo que es más, se piensa que el modelo qubit y sus generalizaciones para espacios de mayor dimensión, es capaz de describir cualquier sistema físico.

comentario

La creación de dispositivos computacionales cuánticos representa un gran desafío para los científicos e ingenieros del tercer milenio. Lo que cabe preguntarse es si seremos capaces de afrontar ese desafío, si es una realidad posible o una fantasía y de ser posible cómo llevarlo a cabo. Todas estas preguntas son importantes y merecen su consideración.

Sin embargo, la incógnita fundamental es si existe alguna clase de principio que nos prohíba efectuar el procesamiento cuántico de la información. Hay dos posibles interferencias que se nos presentan espontáneamente: que el ruido genere una barrera infranqueable o que la mecánica cuántica demuestre ser incorrecta.

El ruido es sin duda un impedimento significativo al desarrollo concreto de dispositivos de procesamiento cuántico de la información. Es una obstrucción que no se puede eliminar y que puede llegar a entorpecer el desarrollo de dispositivos en gran escala. La teoría actual de la corrección cuántica de errores sugiere que aunque el ruido es un impedimento, este no representa una barrera fundamental o de principios. En particular existe un **teorema del umbral** para la computación cuántica que establece *grosso modo* que si el ruido existente en un circuito computacional cuántico se puede mantener por debajo de una cierta cota constante, entonces los códigos de corrección de errores pueden servir para incrementar la escala, esencialmente hacia el infinito. Lo que se deberá "pagar" a cambio es una cierta cuota de redundancia interna y un moderado incremento en la complejidad computacional. El teorema del umbral realiza algunas suposiciones generales acerca de la naturaleza y magnitud del ruido que se puede llegar a presentar y si se cumplen esas condiciones entonces se puede llegar a neutralizar el ruido.

La segunda posibilidad considerada para impedir la computación cuántica es que la mecánica cuántica sea incorrecta. De hecho, la construcción de una computadora cuántica será uno de los buenos métodos de probar a fondo la mecánica cuántica tanto relativista como no relativista. Nunca ante se había explorado un régimen de la naturaleza del cual se ha obtenido un control completo a través de sistemas cuánticos en gran escala y tal vez la naturaleza termine brindando algunas sorpresas acerca de este régimen que no sean fáciles de explicar desde el punto de vista de la mecánica cuántica. Si esto llegase a ocurrir, habrá llegado un punto de inflexión en el desarrollo de las ciencias de tanta significación como lo fuese a principios del siglo XX el hallazgo de la mecánica cuántica. Esta clase de descubrimiento afectaría también a la computación cuántica y a la teoría cuántica de la información, sin embargo no se puede predecir si el mismo puede potenciar o neutralizar su desarrollo.

Suponiendo que no exista impedimento fundamental para construir computadoras cuánticas, ¿porqué invertir enormes recursos humanos y de capital para construirlas? Ya hemos discutido algunas de esas razones: aplicaciones prácticas como la criptografía y la teoría de números y lógicamente el deseo de llegar a descifrar los principios básicos de la naturaleza. Estos son evidentemente buenos motivos y justifican las inversiones en tiempo y capital para llegar a tener una visión más clara del poder relativo de la computación cuántica. Sin embargo no se debe menospreciar la necesidad de profundizar teóricamente los fundamentos de esas teorías para poder llegar en un punto a comparar adecuadamente el potencial computacional cuántico relativo a su contraparte clásica. Un objetivo concreto sería responder la hipótesis de la superioridad cualitativa de la computación cuántica. A partir de este momento mencionaremos *proyectos de pequeña, mediana y gran escala (LSI: large scale integration)* y nos referiremos con ello a la *escala de densidades crecientes de integración* de circuitos cuánticos, tal como se plantea con las computadoras clásicas. Históricamente el progreso tecnológico es acelerado por el uso de incentivos de escala corta y mediana, como etapas necesarias para el logro de los objetivos en gran escala.

Dos objetivos de escala reducida que sería interesante lograr son *la tomografía de estado cuántico* y la *tomografía de procesos cuánticos.* El primero se ocupa de revelar el verdadero estado de un sistema cuántico para superar la *'naturaleza oculta'* del estado cuántico, un tema que ya hemos abordado y que se encuentra dificultado por el teorema de la no clonación de los estados cuánticos, sin el cual se podrían efectuar medidas repetidas en función de distintas observables para esclarecer el real estado de un sistema. El segundo es más ambicioso y se vincula con el primero. Su objetivo es arrojar luz sobre la dinámica de un sistema cuántico. Esta herramienta permitiría caracterizar el comportamiento de un sistema cuántico o un determinado canal de comunicación cuántico. Además permitiría poder evaluar el ruido de un sistema y ayudar a controlarlo. Además de estas aplicaciones obvias, la tomografía de procesos cuánticos tendría aplicaciones significativas como herramienta de diagnóstico para ayudar en la evaluación y perfeccionamiento de operaciones primitivas en cualquier área de la ciencia y tecnología donde los efectos cuánticos sean de interés.

También son interesantes otros proyectos de escala reducida como la criptografía cuántica aplicada (*QKD: Quantum Key Distribution*) y la teleportación cuántica. La primera es útil en la distribución de claves para la encripción simétrica inviolable, lo que ya fue mencionado. Los usos de la teleportación quedan más abiertos a la discusión, una idea es usarla para la transmisión robusta de estados cuánticos en presencia de ruido. La idea es distribuir pares EPR a los actores de un canal de comunicación. Si bien se pueden llegar a corromper los estados de Bell, existen protocolos especiales de *destilación de entramados* que pueden restaurar esos estados alterados. De hecho, los protocolos basados en la *destilación de entramados y teleportación* ofrecen mejores resultados que las técnicas más convencionales de *corrección de errores cuánticos* para lograr comunicaciones libres de ruido.

comentario

> *Una **aplicación de escala intermedia** es el uso de computadoras cuánticas a la **simulación de sistemas cuánticos**. Las supercomputadoras convencionales más grandes disponibles hoy día, deben ser exigidas al máximo para llegar a simular incluso un sistema cuántico de unas pocas docenas de qubits. Como ejemplo, veamos que sucede si se quiere simular un sistema de 50 qubits. Para describir el estado de tal sistema se requieren $2^{50} \approx 10^{15}$ amplitudes complejas. Si las amplitudes se almacenan con 128 bits de precisión, entonces se requieren 256 bits o 32 bytes para almacenar cada amplitud, o sea un total de 32×10^{15} bytes, un equivalente a 32000 Terabytes. Esta cifra está bastante más allá de las computadoras actuales y corresponde a la capacidad de almacenamiento disponible para la segunda década del siglo XXI, asumiendo que se cumple la **Ley de Moore. Un sistema de 100 qubits simulado con idéntica precisión requerirá 32×10^{30} bytes, los cuales, aún usando átomos individuales de hidrógeno para almacenar cada bit, requerirían mil toneladas de materia !***

¿Cuál va a ser la utilidad de las computadoras cuánticas en la simulación cuántica? Parece previsible que las computadoras tradicionales se seguirán usando para determinar propiedades básicas de los materiales como energías de enlace y propiedades espectroscópicas. Pero, una vez comprendidas las propiedades elementales, la simulación cuántica podrá ser de gran utilidad para el diseño y ensayo de las propiedades de nuevas moléculas. En un laboratorio convencional, el *hardware* está integrado por materiales noveles (por síntesis) y equipos (cromatógrafos, espectrógrafos, espectrofotómetros, calorímetros, centrífugas, etc.). En una computadora cuántica, todo ese *hardware* será simulable por *software* lo cual probablemente será mucho más económico y rápido (obviamente si ya se dispone de esa computadora). El diseño y los ensayos finales deberán ser ejecutados con sistemas físicos reales, pero con la computadora cuántica se podrán explorar una gama mucho más amplia de prototipos. Cabe acotar que se han concretado esta clase de ensayos de simulación por la vía tradicional, pero con relativo éxito debido a las limitaciones ya mencionadas.

Un objetivo en gran escala es la factorización, la búsqueda de orden en grupos multiplicativos y por ende la resolución del problema del logaritmo discreto y por último la búsqueda cuántica (todos vinculados al tema del criptoanálisis, es decir al quiebre de sistemas criptográficos vigentes –de clave pública y de clave secreta- que hoy por hoy se basan en la seguridad computacional y no en la seguridad incondicional como propone en su reemplazo la criptografía cuántica). Especialmente la búsqueda cuántica tiene un gran potencial debido a que las heurísticas aplicadas en su resolución podrán ser trasladadas a un sinnúmero de otros problemas computacionalmente complejos.

Vista la tremenda utilidad de la computadora cuántica, surge ahora la pregunta de cómo hacer para construirla. En escala reducida (de pocos qubits) hay varias propuestas e incluso algunos prototipos construidos. Las realizaciones más simples son ópticas, es decir basadas en radiación electromagnética. Dispositivos simples como divisores de rayos o espejos han servido para efectuar manipulaciones elementales con fotones. Una de las principales dificultades a vencer ha sido el desarrollo de *cañones monofotónicos* en especial los generadores de *fotones a demanda*. En muchos casos se ha optado por la solución más simple de *generadores estocásticos* de fotones. Tanto la criptografía cuántica (en particular QKD vía protocolo BB84) como la teleportación y la codificación superdensa se han concretado por vía óptica. Una gran ventaja del uso de fotones es que los mismos tienden a ser *carriers (transportadores)* estables de información mecánico cuántica. Una desventaja es que los fotones no interactúan directamente unos con otros. Por ese motivo la interacción debe ser mediada por un *buffer* (amortiguador elástico) intermedio como un átomo que pueda interactuar con ambos fotones y generar el fotón de interacción resultante.

Un esquema alternativo está basado en diversos métodos de captura atómica: está la *trampa iónica* que captura átomos cargados eléctricamente y los confina en una región del espacio y la *trampa neutra* que hace lo propio con átomos nativos. Los métodos computacionales cuánticos basados en trampas atómicas usan esos átomos para almacenar qubits. También interviene la radiación electromagnética aunque de modo diferente a los circuitos ópticos. Aquí los fotones son empleados para manipular la información almacenada en los átomos y no como contenedores de la misma. Se pueden simular las puertas cuánticas unitarias por aplicación de pulsos de radiación adecuados. Los átomos vecinos pueden interactuar unos con otros vía fuerzas dipolares. Mas aún, la naturaleza exacta de la interacción entre átomos vecinos puede ser modificada aplicando pulsos de fotones a dichos átomos, dándole al investigador la posibilidad de controlar las operaciones a efectuarse. Finalmente se ejecutan las mediciones usando la técnica de *saltos cuánticos* que implementa con precisión las medidas en la base computacional usada para la computación cuántica.

Otra clase de dispositivo procesador de información cuántica está basado en *Resonancia Nuclear Magnética* (*NMR*). Estos esquemas almacenan información cuántica en el *spin nuclear* de los átomos en una molécula y manipulan esa información con radiación electromagnética. Estos esquemas poseen dificultades especiales dado que en NMR no es posible acceder a los núcleos individuales. En vez de ello, se almacena en una solución un gran número (típicamente alrededor de 10^{15}) de moléculas esencialmente idénticas. Se aplican pulsos electromagnéticos a la muestra, forzando a que cada molécula responda de la misma manera. Cada molécula pasa a ser una computadora cuántica independiente y la solución se comporta como un gran número de computadoras procesando en paralelo (de modo clásico). NMR enfrenta tres dificultades particulares que la hacen diferente al resto de dispositivos que se han analizado. Primero, las moléculas se preparan equilibrándolas a temperatura ambiente la cual es muy superior a los niveles de energía de intercambio de *spines nucleares*, por lo cual la muestra se distribuye con *los spines distribuidos al azar*. Este hecho hace que el estado inicial sea más *ruidoso* que lo deseable para el procesamiento cuántico de información. Un segundo problema es que la clase de mediciones que se pueden efectuar sobre un sistema NMR es bastante más reducida que las que hubiésemos deseado tener. Sin embargo, para la mayoría de los casos, lo que existe resulta suficiente. Tercero, dado que no se puede direccional puntualmente a cada molécula en particular, la acción de distintos qubits puede ser simulada a través del comportamiento de núcleos separados dentro de la mismo molécula y a ellos sí se los puede direccionar a discreción.

Se pueden hallar muchos de los elementos necesarios para efectuar procesamiento cuántico informacional de gran escala en realidades ya existentes: una excelente preparación de estados y mediciones sobre un número limitado de qubits en la *trampa iónica*, una excelente dinámica en *NMR* de moléculas de bajo peso molecular junto a la notable posibilidad de reducir los diseños de circuitos VLSI (*very large scale integration*) a escalas antes nunca vistas. Si se pudiese juntar estas características en un mismo sistema físico se estaría cerca de lograr una computadora cuántica muy efectiva. Desafortunadamente todos estos sistemas son muy diferentes y estamos a muchos años de poder contar con una computadora cuántica LSI. Sin embargo se cree que la existencia de estas propiedades en sistemas existentes (aunque diferentes) da suficiente sustento para que en un futuro mediato se logre la integración LSI. Además sugiere que hay bastante mérito en el hecho de analizar sistemas híbridos con la finalidad de estudiar la forma de enlazar las mejores propiedades de distintas tecnologías. Por ejemplo, hay mucho trabajo en curso para atrapar átomos en el interior de *cavidades electromagnéticas*. Esto permite una manipulación flexible del átomo por medios ópticos y permite control por retroalimentación (*feed-back*) en tiempo real de forma no disponible en las trampas atómicas convencionales.

comentario

Es conveniente que no se evalúe al procesamiento cuántico de la información como si fuese simplemente otra tecnología de procesamiento. Por ejemplo, sería tentador desechar la computación cuántica como si fuese una tecnología más en la escala evolutiva de las computadoras y que tenderá a desaparecer con el tiempo, tal como haya ocurrido con muchas otras modas informáticas como las memorias de burbuja (bubble memory). Esto sería un craso error ya que la computación cuántica es un paradigma abstracto para el procesamiento de la información y que puede tener múltiples implementaciones tecnológicas. Uno puede comparar dos propuestas de computación cuántica (una buena, una mala) y sin embargo una mala implementación cuántica seguirá siendo de naturaleza diferente a un sobresaliente diseño de una computadora convencional.

1.13. Máquinas cuánticas de Turing (QTM) y la computadora cuántica universal

(*QTM: Quantum Turing Machines*) Durante las últimas décadas se ha desarrollado ampliamente la teoría de máquinas computadoras. Intuitivamente, una máquina computadora es todo sistema físico cuya evolución dinámica la lleva de uno de los estados de entrada (input) a uno de los estados de salida (output). Los estados se rotulan de alguna manera canónica, la máquina se inicializa en algún estado y luego siguiendo una trayectoria se mide el estado de salida. Para un sistema determinista clásico, el rótulo medido de salida es una función definida (f) de los rótulos de entrada, además algún observador externo (el usuario) podrá medir el valor de ese rótulo y se dice que la máquina computa la función f.

Se dice que dos máquinas computadoras son computacionalmente equivalentes (bajo rótulos prefijados de sus entradas) si computan la misma función con esos rótulos. Pero las máquinas computadoras cuánticas y las máquinas computadoras estocásticas clásicas no computan funciones en el sentido arriba indicado, el estado de una

95

máquina estocástica es aleatorio donde la función de distribución de probabilidades de las posibles salidas depende del estado de entrada. El estado de salida de una máquina cuántica no es observable a pesar de ser plenamente determinado por el estado de entrada de manera que el usuario no puede descubrir su rótulo. Sin embargo, también aquí se puede definir la noción de equivalencia computacional, es decir que dos computadoras cuánticas o máquinas computadoras estocásticas clásicas serán equivalentes si poseen idénticas distribuciones de probabilidad de sus rótulos de salida.

En el sentido descripto, una máquina computadora M computa a lo sumo una función. Sin embargo no debiera haber ninguna diferencia fundamental entre alterar el estado de entrada en el cual ha sido preparada y alterar sistemáticamente la constitución de M para que se convierta en una máquina distinta M' que compute una función diferente. Para formalizar estas operaciones se suele pensar en que las máquinas poseen dos entradas: el programa (*software*) que determina la función a computar y los datos que serán el argumento de esa función. A cada una de esas M máquinas le corresponde un conjunto $C(M)$ de funciones M –computables. Una función f() es M –computable si M puede computar f() cuando se la prepara con algún programa adecuado. El conjunto $C(M)$ puede ser expandido si se incluyen al conjunto de cambios en la estructura de M que se rotulan globalmente como 'M – programas posibles'. Dadas dos máquinas M y M' es posible construir una máquina compuesta cuyo conjunto de funciones computables es la unión de $C(M)$ y $C(M')$.

No hay razón que impida inducir este razonamiento *ad infinitum* construyendo máquinas cada vez más potentes ni porqué debería existir una función que quede afuera del conjunto computable de toda máquina físicamente realizable. Aunque la lógica no prohiba la computación física de funciones arbitrarias, parece que la física sí lo hace. Como es sabido, cuando se diseñan computadoras uno llega rápidamente al punto en el cual por más *hardware* que se le agregue no incrementa el conjunto de funciones computables (bajo la idealización que la capacidad de memoria se

96

mantenga ilimitada, lo que es habitual en teoría de la computabilidad). Más allá, para funciones enteras de Z → Z, el conjunto C(M) está siempre contenido en C(T), donde T es la *computadora universal de Turing* (TURING, 1936). C(T) también es conocida como el conjunto de funciones recursivas, es enumerable y por ende infinitamente inferior que el conjunto de todas las funciones enteras Z → Z.

Church (CHURCH, 1936) y Turing (TURING, 1936) conjeturaron que las limitaciones de lo que fuese computable o no, eran independientes del estado del arte en el diseño de la construcción de computadoras, tampoco dependían de nuestra inteligencia o capacidad para resolver problemas, sino que eran universales. Esta es la llamada *Tesis Church-Turing (TCT)*.

Tesis Church-Turing (TCT)

> *Cada función que sea naturalmente reconocida como computable, podrá ser computada por una máquina universal de Turing.*

La visión convencional de TCT la interpreta como la conjetura cuasi-matemática que todas las posibles formalizaciones de la noción intuitiva de algoritmo o de computación son equivalentes unas de otras. Pero también se puede se puede dar una visión física de la TCT conocida como el Principio Church-Turing (DEUTSCH, 1985). Según Deutsch las funciones *naturalmente* computables son aquellas que pueden –*en principio*- ser computadas por un sistema físico real. Deutsch unió las nociones de computabilidad con procesos físicos reales, si una función es naturalmente computable debe serlo a través de algún sistema creable por la naturaleza. También definió el concepto de *simulación perfecta*. Una máquina *M* es capaz de concretar una *simulación perfecta* de un sistema físico *S* para un rotulado definido de sus entradas y salidas, si existe un programa $\pi(S)$ para *M* que determina que *M* sea computacionalmente equivalente a *S* bajo esa misma rotulación. En otras palabras $\pi(S)$ convierte a *M* en una *caja negra* funcionalmente indistinguible de *S*.

Postulado Church-Turing (Deutsch)

> *Cada sistema físicamente realizable en forma finita puede ser **perfectamente simulado** por una máquina computadora universal operada por medios finitos.*

Cada modelo general existente de computación es efectivamente clásico. Esto significa que la descripción completa de su estado en cualquier instante es equivalente a la especificación de un conjunto de números, todos los cuales son *ab initio* medibles. Sin embargo, acorde a la teoría cuántica que hemos desarrollado en los apartados previos, no hay sistema físico con esta propiedad. El hecho que la máquina clásica universal de Turing no obedezca al Postulado Church-Turing es un buen motivo para buscar un modelo computacional cuántico real. *La motivación más urgente por supuesto es que la física clásica es falsa.*

Para resolver esta necesidad, Deutsch desarrolló primero un *modelo computacional cuántico* y finalmente una *máquina cuántica universal de Turing* (Q) o *computadora cuántica universal*, la que es capaz de *simular perfectamente* cualquier sistema físico realizable por medios finitos. Puede simular *sistemas ideales cerrados*, incluyendo todas las demás instancias de computadoras cuánticas y simuladores cuánticos, de precisión arbitrariamente grande (aunque no infinita). Al computar funciones enteras $Z \rightarrow Z$ genera precisamente las funciones recursivas clásicas $C(T)$. Al contrario de T, puede simular perfectamente cualquier proceso estocástico clásico y finito. Además Q posee un conjunto de recursos potencialmente útiles que no tienen equivalentes clásicos.

Al igual que la máquina de Turing, un modelo cuántico computacional Q consiste de dos componentes, un procesador finito y una memoria infinita de la cual sólo se usa una porción finita. Los cómputos proceden por pasos de duración fija T, y durante cada etapa sólo interactúan el procesador y una región finita de la memoria, el resto de la memoria permanece constante. De aquí en más hablaremos de *observables binarias*

98

que podemos considerar equivalentes a *qubits*. El procesador consiste de M observables binarias, la '*cabeza lectora*' de Turing

$$\{\hat{n}_i\} \quad i \in Z_M \tag{1.13.1}$$

donde Z_M es el conjunto de enteros módulo M. La memoria consiste de una secuencia infinita de observables binarias correspondientes a la '*cinta*' de Turing

$$\{\hat{m}_i\} \quad i \in Z \tag{1.13.2}$$

Llamaremos colectivamente a los $\{\hat{n}_i\}$ como $\hat{n}$ y a los $\{\hat{m}_i\}$ como $\hat{m}$. Respecto a la posición de la *cabeza lectora* sobre la *cinta,* existe otra observable $\hat{x}$ que puede adoptar cualquier valor entero (Z). Esta observable $\hat{x}$ es la '*dirección*' del cabezal sobre la cinta. Por lo tanto, el estado de Q es un vector unitario en el espacio H (Hilbert) desplegado por los autovectores simultáneos de $\hat{n}, \hat{m}, \hat{x}$ aquí simbolizados n, m, x

$$|x; n : m\rangle \equiv |x; n_0, n_1, \ldots, n_{M-1} : \ldots m_{-1}, m_0, m_1, \ldots\rangle \tag{1.13.3}$$

Deutsch define a (1.13.3) como los **estados de la base computacional**. Es conveniente tomar el espectro de las observables binarias en Z_2 es decir $\{0,1\}$ y no en la base física tradicional $\{-\frac{1}{2}, +\frac{1}{2}\}$ para su interpretación en qubit.

La dinámica de Q es condensada por un operador unitario constante U en H. Este operador especifica la evolución de cualquier estado $|\Psi(t)\rangle \in H$ durante un sólo paso computacional, y para n pasos

$$|\Psi(nT)\rangle = U^n |\Psi(0)\rangle \qquad (n \in Z_+) \tag{1.13.4}$$

donde $U^+U=UU^+=I$. No se necesita especificar el estado para valores negativos te tiempo y el cómputo comienza a t=0. En ese tiempo inicial, $\hat{x}, \hat{n}$ se inicializan con el valor cero, y el estado de un número finito de los sitios de $\hat{m}$ se prepara como '*programa*' y '*entrada*' y el resto se deja en valor cero. Por lo tanto

$$\begin{aligned} |\Psi(0)\rangle &= \sum_m \lambda_m |0;0:m\rangle \\ \sum_m |\lambda_m|^2 &= 1 \end{aligned}$$

(1.13.5)

donde solo un número finito de los λ_m son no-nulos y λ_m desaparece cuando un número infinito de los m sean no-nulos. Para satisfacer el requerimiento que Q opere '*por medios finitos*', los elementos de la matriz U toman la siguiente forma

$$\langle x^*; n^*: m^* |U| x; n: m\rangle = \left[\delta_{x'}^{x+1} U^+(n^*, m_x^* | n, m_x) + \delta_{x'}^{x-1} U^-(n^*, m_x^* | n, m_x) \right] \prod_{y \neq x} \delta_{my}^{my}$$

(1.13.6)

donde la productoria asegura que sólo un sitio (qubit), el *x-esimo*), sea transformado en cada paso computacional. Los otros dos términos de Kronecker aseguran que durante cada paso la posición del cabezal no pueda cambiar en más de una unidad mientras que las funciones $U^{\pm}(n^*, m_x^* | n, m_x)$ que representan un proceso dinámico dependiendo sólo de las observables locales $\hat{n}, \hat{m}_x$, son arbitrarias excepto que sean unitarias. Cada elección de esas funciones, define una computadora cuántica diferente $Q(U^+, U^-)$.

Las máquinas de Turing se detienen, señalizando el fin de los cómputos. En el caso de la computadora cuántica esa condición se alcanzaría cuando dos estados globales consecutivos fuesen idénticos (el sistema llegaría al equilibrio). Un programa válido será aquel que provoca la detención después de un número finito de pasos. Sin embargo, (1.13.4) asegura que nunca se llega a que después de una transformación unitaria (reversible) no-trivial el sistema final sea igual al inicial.

conjetura

> *Ninguna máquina cuántica de Turing $Q(U^+, U^-)$ puede llegar espontáneamente al estado de equilibrio. Esto no tiene sentido si se analiza con la óptica de la **termodinámica clásica**, más aún si se tiene en cuenta que el proceso es una sucesión finita de pasos reversibles.*

Mas aún, $Q(U^+, U^-)$ no debe ser observada antes que la computación haya finalizado ya que en general esto alteraría su estado. Por lo tanto las computadoras cuánticas necesitan señalar activamente que han finalizado los cómputos. Uno de los qubits internos del cabezal, digamos n_0, se reserva con este propósito. Cada programa válido fuerza $n_0=1$ cuando termina, sin interactuar con ese observable durante su ejecución. Por lo tanto, el qubit n_0 podrá ser periódicamente medido para ver si se llegó a la *detención*. Un *Q*-programa es válido si la esperanza de su *tiempo de procesamiento* es finita.

Dado que U es unitaria, la dinámica de Q como la de cualquier sistema cuántico cerrado, es forzosamente reversible. Las máquinas de Turing experimentan cambios irreversibles durante los cómputos y durante un buen tiempo se creyó que la irreversibilidad era condición necesaria de la computabilidad. Sin embargo, Bennett (citado en Deutsch, 1985) demostró en 1973 que esto no era necesario y construyó explícitamente una máquina clásica reversible de Turing.

Se pueden obtener computadoras cuánticas $Q(U^+, U^-)$ equivalentes a cualquier máquina clásica reversible de Turing usando

$$U^{\pm}(n^*, m^* \mid n, m) = \frac{1}{2} \delta_{n^*}^{A(n,m)} \delta_{m^*}^{B(n,m)} [1 \pm C(n,m)] \qquad (1.13.7)$$

donde A,B y C son funciones con rangos $(Z_2)^M$, Z_2 y $(-1,+1)$ respectivamente. En otras palabras, las máquinas de Turing son aquellas computadoras cuánticas cuyas dinámicas aseguran que permanecen en los *estados de la base computacional* al culminar cada paso, si se asegura que partieron de uno. La condición necesaria y suficiente de unitariedad es que el siguiente mapa sea *biyectivo*

$$\{(n,m)\} \leftrightarrow \{(A(n,m), B(n.m), C(n,m))\} \qquad (1.13.8)$$

Dado que las funciones constituyentes A,B,C son arbitrarias en todo sentido no específicamente limitado, deben existir opciones que hagan Q equivalente a T, la *máquina universal de Turing*.

Para cada función recursiva f existe un programa π (*f*) para T tal que cuando la imagen de π (f) es seguida por la imagen de cualquier entero i en la entrada de T, T va a detenerse con π (f) e i (ellos mismos) seguidos por la imagen de f(i), con todos los demás qubits quietos (o nuevamente fijados en cero). Esto significa que para algún entero positivo n

$$U^n \left| 0;O:\pi(f),i,O \right\rangle = \left| 0;1;O:\pi(f),i,f(i),O \right\rangle \qquad (1.13.9)$$

Aquí O representa una secuencia de ceros y no se muestran explícitamente los autovalores nulos de $\hat{m}_i$ ($i < 0$). T no pierde generalidad si se le exige que cada programa asigne la memoria como una secuencia infinita de 'huecos', cada uno de los cuales pueda albergar un entero arbitrario. Por ejemplo, el a-ésimo hueco podría contener los bits marcados por las potencias sucesivas del a-ésimo primo. Para cada función recursiva f y enteros a,b ; existe un programa π (*f,a,b*) que computa la función f en el contenido del hueco a y coloca el resultado en el hueco b dejando el hueco a intacto. Si el hueco b no contuviese inicialmente ceros, la reversibilidad exige que su valor inicial no se sobregrabe sino que se combine en forma reversible con el valor de la función. Por lo tanto, omitiendo símbolos superfluos, se puede esquematizar el efecto del programa π por

102

$$\left|\pi(f,2,3), hueco_2, hueco_3\right\rangle \rightarrow \left|\pi(f,2,3), hueco_2, hueco_3 \oplus f(hueco_2)\right\rangle \qquad (1.13.10)$$

La función XOR ($\oplus$) cumple adecuadamente con los objetivos. Sea π_1. π_2 la concatenación de dos programas válidos tal que cuando termina el primero continúe el segundo. Para cada función biyectiva g existe un programa $\Phi(g,a)$ cuya única acción es reemplazar cualquier entero i en el hueco a por el valor $g(i)$. La prueba es directa, si un hueco b contiene inicialmente ceros

$$\Phi(g,a) = \pi(g,a,b) \cdot \pi(g^{-1},b,a) \cdot \pi(I,b,a) \cdot \pi(I,a,b) \qquad (1.13.11)$$

donde I es la *función de medición perfecta* de Deutsch definida por

$$\left|\pi(I,2,3), hueco_2, hueco_3\right\rangle \rightarrow \left|\pi(I,2,3), hueco_2, hueco_3 \oplus hueco_2\right\rangle \qquad (1.13.12)$$

La *computadora cuántica universal de Turing* (Q) posee todas las propiedades descriptas desde (1.13.9) a (1.13.12). Pero Q admite además una clase adicional de programas que evolucionan los *estados de la base computacional* hacia superposiciones lineales unas de otras. Todos los programas de Q pueden ser expresados en el lenguaje de las operaciones ordinarias de Turing y solamente ocho operaciones adicionales. Estas son transformaciones unitarias confinadas a un espacio H^2 (Hilbert 2-D), el espacio de estados de los qubits aislados. Esas transformaciones conforman una familia paramétrica de cuatro miembros. Sea α cualquier múltiplo irracional de π. Las cuatro transformaciones básicas son

$$V_0 = \begin{pmatrix} \cos\alpha & sen\alpha \\ -sen\alpha & \cos\alpha \end{pmatrix} \quad V_1 = \begin{pmatrix} \cos\alpha & isen\alpha \\ isen\alpha & \cos\alpha \end{pmatrix}$$
$$V_2 = \begin{pmatrix} \exp(i\alpha) & 0 \\ 0 & 1 \end{pmatrix} \quad V_3 = \begin{pmatrix} 1 & 0 \\ 0 & \exp(i\alpha) \end{pmatrix} \qquad (1.13.13)$$

103

que junto a sus inversas V_4, V_5, V_6, V_7 generan por composición un grupo denso en el grupo de todas las transformaciones unitarias en H^2. Es conveniente, aunque no imprescindible, agregar dos operadores adicionales

$$V_8 = \frac{1}{\sqrt{2}} \begin{pmatrix} 1 & 1 \\ -1 & 1 \end{pmatrix} \qquad V_9 = \frac{1}{\sqrt{2}} \begin{pmatrix} 1 & i \\ i & 1 \end{pmatrix} \qquad (1.13.14)$$

que corresponden a rotaciones de *spin* de 90°. A cada generador V_i le corresponden elementos de la base computacional que representan programas $\Phi(V_i, \alpha)$ que ejecutan V_i hasta el bit menos significativo del α -*hueco*. Por lo tanto, si $j \ \varepsilon \ \{0,1\}$ los elementos de la base evolucionan acorde a

$$\left| \Phi(V_i, 2), j \right\rangle \rightarrow \sum_{k=0}^{1} \left\langle k \left| V_i \right| j \right\rangle \left| \Phi(V_i, 2), k \right\rangle \qquad (1.13.15)$$

la composición de los V_i puede ser afectada por la concatenación de los Φ (V_i, α). *Por lo tanto hay programas que efectúan sobre cualquier qubit una transformación unitaria arbitrariamente cercana a la deseada*. Se pueden extraer conclusiones análogas sobre el estado conjunto de cualquier número finito de L qubits. Esto establece el sentido en el cual **Q** es una *computadora cuántica universal*. Ella puede simular con precisión arbitrariamente elegida, cualquier otra computadora cuántica $Q(U^+, U^-)$ imaginable.

conjetura

A pesar del hecho que una computadora cuántica universal tiene un espacio de estados de dimensión infinita, sólo se requiere en cada paso una transformación unitaria de dimensión finita para simular su evolución. La **computadora cuántica universal de Turing (Q)** desarrollada por Deutsch es capaz de simular con precisión arbitraria cualquier computadora cuántica o simulador cuántico imaginable. Dado que el mundo clásico surge como paso al límite de la mecánica cuántica, existe una **computadora biológica universal (B)** derivada de *Q*, con estructura finita pero arbitrariamente grande y capaz de simular cualquier sistema biológico, desde un virus, pasando por una célula y hasta un individuo completo. Este modelo **B** existe pero por limitaciones de recursos físicos nunca podría ser construido.

1.14. Caos cuántico

Aún hoy día, la comunidad de físicos no se ha puesto de acuerdo acerca de una definición del *caos cuántico*. La definición clásica relacionada a la inestabilidad exponencial es totalmente inadecuada dado que esa clase de caos sólo es posible en ejemplos muy exóticos y no describe el comportamiento cuántico habitual.

Al revés de lo que ocurre en matemáticas, en la física es habitual comenzar a estudiar un fenómeno como la dinámica no lineal y el caos clásico y recién en una instancia final cuando se hayan madurado los conceptos intentar su sistematización.

En el intento de construir una definición razonable de caos cuántico se quisiera enfatizar la característica más notable del fenómeno visto desde el punto de vista clásico. Dado que en la dinámica cuántica se encuentran presentes las propiedades estadísticas de los sistemas dinámicos clásicos sólo en escalas de tiempo restringidas y diferentes a las habituales, el caos cuántico es un *caos dinámico de tiempo finito*.

Una opinión corriente sobre el caos cuántico es que no existe como tal. Es simplemente una abreviatura para el estudio cuantitativo de sistemas cuya contraparte clásica exhibe caos. En dinámica clásica la definición normal de caos que ya hemos desarrollado en un capítulo previo de este trabajo, se formula en términos de la hipersensibilidad a las condiciones iniciales. Dos puntos arbitrariamente cercanos en el espacio de fases se separarán entre sí a velocidad exponencial. Esta tasa queda fijada por el máximo exponente de Lyapunov que caracteriza la dinámica del sistema. Apenas algún exponente de Lyapunov se vuelve positivo, algunas trayectorias divergen en el tiempo de manera que nos referimos a ese sistema como caótico.

La importancia práctica de las leyes estadísticas clásicas es que brindan una descripción relativamente simple del *comportamiento esencial* de dinámicas complejas. La actual teoría ergódica de los sistemas dinámicos con predicciones asintóticas en el tiempo resulta inadecuada para describir el caos cuántico. Se requiere una nueva teoría que explique las propiedades estadísticas de los sistemas dinámicos para rangos de tiempo finitos.

La distancia entre dos puntos en posición y momento para los sistemas caóticos clásicos puede crecer exponencialmente en el tiempo porque la dinámica depende en forma no-lineal de esos mismos argumentos. Por el otro lado, *la dinámica de los vectores de estado no depende del vector en sí mismo: la ecuación cuántica del movimiento es lineal*. Dado que la no-linealidad es un ingrediente esencial de la divergencia exponencial, los sistemas cuánticos no pueden exhibir *hipersensibilidad a las condiciones iniciales*. Además la hermeticidad del Hamiltoniano (la energía de un sistema debe ser un número real) hace que el operador de evolución deba ser unitario. Mientras que la linealidad de la dinámica restringe la divergencia entre vectores de estado a tasas subexponenciales, la condición de unitariedad tiene consecuencias más drásticas: *la distancia entre dos vectores de estado cualesquiera es una constante* del movimiento. Esto es más de lo que se necesita para descartar la posibilidad de divergencia exponencial entre estados inicialmente cercanos.

La linealidad de la ecuación de Schrödinger asegura que no hay tal cosa como *dinámica cuántica caótica* definida en términos de sensibilidad a las condiciones iniciales. Resulta un tema muy interesante en sí el poder descartar el comportamiento caótico en el mundo cuántico. Dado que todos los sistemas físicos universales son esencialmente cuánticos, ¿porqué algunos de ellos, como el sistema solar, exhiben hipersensibilidad a las condiciones iniciales? Gran parte de la investigación que se dedica hoy día al tema del caos cuántico está orientado a buscar nuevos criterios del caos clásico que puedan ser trasladados al mundo cuántico. Un ejemplo de esos criterios es el *efecto mariposa*: la hipersensibilidad a las perturbaciones (*según este efecto característico de los sistemas caóticos clásicos, el aleteo de una mariposa en Asia es capaz de provocar un huracán en América*). En vez de estudiar la divergencia de las diferencias iniciales, se podría estudiar la divergencia entre sistemas inicialmente idénticos y sujetos a Hamiltonianos ligeramente diferentes. Si la dinámica del sistema fuese caótica, la diferencia de las evoluciones debería crecer exponencialmente antes de saturarse en un cierto valor máximo, mientras que para los sistemas regulares este crecimiento debería seguir alguna ley polinómica.

Si la discrepancia alarmante entre el caos clásico y la predicción de la mecánica cuántica fuese sólo generada por una *definición incorrecta del caos*, el interés en el caos cuántico no merecería la atención que hoy día se le dedica. El caos genera otro conflicto alarmante entre las predicciones clásicas y las cuánticas: el *Principio de Correspondencia de Ehrenfest* pierde validez después de un breve tiempo para los sistemas caóticos. Este principio estipula que en el límite de los grandes números, el promedio cuántico de los operadores de posición y momento deben reproducir las trayectorias clásicas en los espacios de fases. Ehtrenfest mostró que el tiempo necesario para que la diferencia entre ambas predicciones fuese notable era suficientemente largo como para no ser tomado en cuenta por el observador. Lo que se le escapó al tiempo que fuese formulado es que en los sistemas caóticos la escala del tiempo de divergencia se hace mucho mas corta. Por lo tanto resulta interesante entender bajo qué condiciones se reestablece este principio.

En general la dinámica compleja de sistemas con pocos grados de libertad se conoce como caos determinista, si el número de grados de libertad fuese grande se la conoce como caos microscópico. El aspecto más interesante del caos microscópico es su conexión con la termodinámica, más específicamente nuestro entendimiento del segundo principio. *Si el incremento de entropía es un atributo esencial de nuestro universo, sería bueno hacerlo mecánico-cuántico.*

síntesis

Para sistemas **Hamiltonianos** la suma de los **exponentes de Lyapunov** debe ser unitaria ya que la dinámica es conservativa, o sea **preserva el volumen del espacio de fases**. Por ese motivo, si alguna trayectoria diverge exponencialmente habrá otra que converge exponencialmente. Sólo los Hamiltonianos que sean funciones no lineales de la posición y el momento podrán exhibir características caóticas. En ausencia de esta característica los sistemas serán regulares e integrables. Desde el punto de vista clásico, una de las características esenciales del fenómeno del caos es la **no-linealidad** de las ecuaciones dinámicas y la **irreversibilidad** del régimen caótico (**contracción del volumen del espacio de fases**). La linealidad y la reversibilidad de las ecuaciones dinámicas cuánticas no es una aproximación como lo suele ser en la física clásica sino una propiedad física fundamental y universal. Por este motivo debe esperarse que el caos cuántico posea propiedades muy particulares que en general serán difíciles de asociar con el comportamiento clásico. Los sistemas mecánico-cuánticos no son representables por puntos en el espacio de fases sino por vectores en espacios de Hilbert. La evolución en el tiempo de esos vectores es gobernada por la ecuación de Schrödinger. Esta es la diferencia crucial responsable por la **ausencia de caos** tal como lo hemos definido**, en los sistemas cuánticos**.

2. BIBLIOGRAFIA

1. AMERICAN MATHEMATICAL SOCIETY SHORT COURSE 2000, Samuel L. Lomonaco, Quantum Computation, AMS, (2002)

2. BOUWMEESTER D. et al., The Physics of Quantum Information: Quantum Cryptography, Quantum Teleportation, Quantum Computation, Springer Verlag, (2000)

3. BRAYTON R. et al, Logic Minimization Algorithms for VLSI Synthesis, KLUWER, Boston (1984)

4. BRYLINSKI R. K., Mathematics of Quantum Computation, CRC Press, (2002)

5. BROWN UNIVERSITY, USA Information Theory, http://www.dam.brown.edu/people/yiannis/info.html

6. CERF N.J., ADAMI, C., Preprint, arXiv:quant-ph/9512022 v3 30 Oct (1997)

7. DEUTSCH D., Proc Royal Soc Lond, A 400, 97-117 (1985)

8. GAREY M., JOHNSON D., Computers and intractability: a guide to the Theory of NP-Completeness, W. H. Freeman (1979)

9. HILL F., PETERSON G.R., Teoría de conmutación y diseño lógico, Ed. Limusa (1978)

10. HIRVENSALO M., Quantum Computing, Springer Verlag, (2001)

11. HOI-KWONG L., Introduction to Quantum Computation and Information, World Scientific Pub., (2001)

12. KITAEV Y. A. et al., Classical and Quantum Computation, AMS, (2002)

13. LANDAU L., LIFSHITZ E., Curso de Física Teórica - Física Estadística (Vol 5) - Ed. Reverté (1975)

14. LANDAU L., LIFSHITZ E., Curso abreviado de Física Teórica, Libro 2: Mecánica Cuántica, Ed. MIR, Moscú, (1974)

15. MENEZES A., OORSCHOT P., VANSTONE S., Handbook of applied cryptography, CRC Press (1997).

16. NIELSEN, M. A.,CHUANG, I.L:, Quantum Computation and Quantum Information, Cambridge University Press, (2002)

17. PITTENGER A. O., An Introduction to Quantum Computing Algorithms, Birkhauser, Boston (1999)

18. SANTALÓ L. A., Vectores y Tensores, Manuales EUDEBA, (1961)

19. SCHRÖDINGER E., What is life?, Cambridge University Press, (1992)

20. SIEGFRIED T., The Bit and the Pendulum: From Quantum Computing to M Theory – The new Physics of Information, John Wiley & Sons, (2000)

21. TURING A. M., Proc Lond Math Soc Ser, 2, 442,230 (1936)

3. FUENTES DE INFORMACIÓN EN LA WEB

Sin lugar a dudas, toda la información necesaria para estudiar (al máximo nivel) espacios de Hilbert, álgebra tensorial, mecánica cuántica, computación cuántica, teoría cuántica de la información, teoría cuántica de la complejidad y criptografía cuántica se encuentra disponible en Internet (con los recaudos del caso para asegurar la fiabilidad de la fuente). El mayor problema no es conseguir la información, sino clasificarla para que sirva a los fines perseguidos. Estos links representan una pequeña muestra de los portales dedicados a estos temas. Se recomienda enfáticamente recorrerlos para aprovechar todo lo aprovechable. Buena suerte.

http://xxx.lanl.gov/archives/quant-ph

http://feynman.stanford.edu/qcomp/

http://eve.physics.ox.ac.uk/QChome.html

http://vesta.physics.ucla.edu/~smolin/index.html

http://aerodec.anu.edu.au/~qc/index.html

http://www.research.ibm.com/quantuminfo/

http://www.physik.uni-ulm.de/~sam/home.html

http://www.iro.umontreal.ca/labs/theorique/index_en.html